이리역의 까마귀떼

익산교육백년

도서출판 중원문화

이리역의 까마귀떼

익산교육백년

초판 인쇄일 2020년 6월 20일
초판 발행일 2020년 7월 10일

엮은이
신귀백(익산민예총 회장 · 영화평론가)

발행인
황세연

기획
장윤준(원광대학교 대안문화연구소 · 문학박사)

기록관리
신청룡(전북대학교 대학원 기록관리학과)

자문위원
종걸스님(동국사 주지)
김건(전북대학교 기록관리학과 교수)
김기옥(이리공업고등학교장)
손인범(우리배움터 교장)

제호
효봉 여태명

디자인
movisual

발행처 도서출판 중원문화
주 소 서울특별시 마포구 서강로 11길 24(창전 233)
주문처 TEL : 02-325-5534 FAX : 02-324-6799

익산교육 100년 편찬 원칙

이 책은 익산교육의 역사입니다. 이 책은 익산의 자연과 역사에서부터 근대 그리고 현재까지의 익산교육과 시민들의 삶을 담고자 노력했습니다.

기술에 있어서 익산시 교육을 공간으로 분류하는 방법과 통사로 분류하는 방법을 두고 고민을 많이 했습니다. 그 결과 『익산 교육 100년』 편찬위원회는 초중고등학교를 나누고, 공간을 분할하면서 시대별로 정리하는 기술 원칙을 세웠습니다. 그리고 각 시기 익산을 읽을 수 있는 대표적 교육 사진을 추려서 정리했습니다.

시대별 연대별로 해당 시기의 특징을 비교적 잘 보여주는 학교의 사진과 이리· 익산의 모습 그리고 시민들과 학생들의 삶을 담기 위해 노력했습니다. 다만 최근에 태동한 학교는 역사적 자료가 부족해서 연혁 위주로 정리했습니다.

이번 편찬에 실려 있는 사진 자료는 많은 시민들의 도움이 있었기에 가능했습니다. 또한 각 학교에서 보내 주신 사진과 졸업앨범 그리고 홈페이지에서 찾은 사진을 우선해서 담았습니다.
자료를 제공하지 않은 학교라 할지라도 최대한 공정하게 많은 자료가 실릴 수 있도록 노력하였습니다.

용어와 기술의 방법

1. 당시의 용어와 현재의 용어가 달라졌을 경우, 당시의 용어와 현재의 용어를 혼용하여 기술했습니다.

2. 1차 자료를 인용할 때는 인용의 원칙에 따라 원문 그대로 수록하되, 일부 표기는 현재의 용례에 맞게 수정하였습니다.

길손다방

70년대 초반 이리역에서 시내에 있는 학교로 등교하는 학생들의 모습

이리 경찰활동 농림교생 취조

동아일보 1930.12.18 [이리]

전북 이리농림학교 조선인 학생 측에서 동맹휴학을 한데서 발단하야 9명의 희생자를 내엇슬 뿐 아니라 그중 윤수동, 박사진 두 학생은 오랫동안 경찰에 피검되어 엄중한 취조를 밧다가 석방되었다함은 이미 보도한 바 어니와 이리 경찰은 뒤이어 그간 사상서적을 본다고 학교당국으로부터 퇴학처분을 밧고 이미 귀향해서 잇는 7, 8명 중에서 당시 5년생이든 전남 장성 박진구(18)를 지난달 하순에 압래하야 이래 7, 8회를 거듭하야 엄중한 취조를 해오는 일방으로 지난13일에는 병으로 귀향해 잇는 경남 김해 김찬준(19)을 압래하야다가 일주야를 엄중한 취조를 한 후 일시 방면하고 또 14일에는 역시 가정일로 귀향해 잇는 함남 신흥군 류동식(19)을 압래하야 목하 엄중한 취조를 하는 중인데 사건이 앞으로 얼마나 진전될는지 자못 주목된다는 바. 내용은 탐문한 바에 의하면 학교 내에서 복사지로 "배움의 무리"라는 소책자를 발행하야 동창 간에 돌려본 사실이 발견된 듯 하다고 한다.

1937. 이리공립농림학교 농업과 제13회, 임업과 제11회 학생들

우리는 이리역을 덮는 까마귀 떼였다.

- 익산교육 100년!

까마귀떼

오늘의 익산역인 옛 이리(裡里)역은 마치 들판의 까마귀떼 풍경이었다. 새카만 교복을 입은 청춘들이 역 앞을 덮었다. '새복밥' 먹고 다니는 통학생이었다. 정읍에서 강경에서 그리고 군산에서 전주에서 이리로 열차통학을 하는 학생들이 참 많았다. 이곳은 그들만의 교육기관이 자리한 익산만의 도시는 아니었다. 익산은 교통으로 또 교육으로 호남의 중심도시였다. 이 에너지가 오늘의 대한민국을 일으킨 힘이라 믿고 싶다.

1922년 문을 연 이리농림학교에 전라도를 넘어 전국에서 수재들이 모여들었다. 시인 한하운은 함흥에서 기차를 타고 이리역에 내렸다. 1980년 원광대 국문과에 다니기 위해 대구에서 기차를 탄 시인 안도현도 이리역에 이불보따리를 풀었다. 역 앞에는 통학생들의 자율학습을 위한 적십자회관이라는 도서관이 있었고 무덕관·창무관 등 태권도장도 있었다.

가난한 시절이었다. 여름방학 때는 퇴비숙제를 했고 쥐꼬리를 말아가던 시절도 있었다. 우산이 없고 가방이 없어 교과서가 비에 젖어도 학교에 갔다. 겨울에는 조개탄 난로가 있어도 궛밥에 얼음이 들었다. 그래도 난로 위에 도시락의 위치를 바꾸면서 즐거운 마음으로 학교에 다녔다.

문성당에서 새 책을 사지 못한 학생들은 이리여고 곁 대본소에서 책을 빌려 읽었다. 공부만 했겠는가? 이리극장과 삼남극장이 있었다. 거기서 이소룡과 올리비아 핫세를 보면서 청춘을 보냈다. 고려당과 황금당 그리고 지구음악실도 있었다. 영스타롤러스케이트장과 서울악기점을 어찌 잊겠는가.

학교의 전통과 우열에 다소 차이가 있을 것이지만 교육이 성장의 사다리라는 것을 굳게 믿은 우리 부모님들은 열심히 자식을 가르쳤다. 이리공립보통학교로 시작해 오늘날 호남 최대 의료기관을 가진 원광대학교로 이어지는 익산의 교육 100년을 이 한 권에 담는 일은 벅차지만 자랑스러운 작업이었다.

긍정의 탄성

식민의 시절 이리공업고를 다닌 박창호 어르신은 보통학교 성적표부터 많은 사진을 간직하고 계셨다. 이 분 댁에서 일제강점기 무임금으로 칠보발전소 파이프 작업을 하는 공업고등학교 학생들의 사진을 받아올 수 있었다. 물론 그 반대의 경우가 더 많았다. 아파트로 이전하느라 또 학교를 옮기느라 자료가 없다고 웃는 배운 사람들과 교장선생님에게는 스트레스였을 것이다. 그래서 이 책은 더 가치가 있다고 믿는다. 이 책은 사진을 위주로 한 기록물이지만 익산의 중요한 역사를 기록한다는 마음으로 자료를 수집하고 원고를 썼다. 익산교육지원청의 물질적 행정적 협조가 알뜰했다.

이 책은 시대사다. 학교와 교실 안팎의 교복을 입은 청춘들을 거울로 한 소소한 역사일 수 있다. 당연히 익산시의 정체성을 밝히는, 작지만 의미 있는 자료가 될 것이다. 가난하지만 교육에 온 힘을 쏟은 대한민국 많은 도시의 학교와 교육기관 그리고 가정에서 "맞아, 우리도 그랬어" 하는 긍정의 탄성이 나올 것으로 믿는다. 엮은이의 과도한 동네 사랑 역시 느낄 것이다.

보급판본으로 책이 나온 몇 달 후, 출판사《중원문화》에서 연락이 왔다. 책을 재출간하자고. 양장판으로. 사회과학 서적으로 한 시절을 풍미한 출판사였지만, 부담스러웠다. 이 책의 저작권은 시민에게 있기 때문이다. 그렇지만 이 책이 전국으로 뿌려져 교육계에 종사하는 분들이나 평범한 일반 시민에게 자료 보존에 대한 가치를 부여할 수 있겠다는 마음으로 수락했다.

사라진 몇 학교를 새 판본에서 살렸다. 부족한 캡션을 보강했다. 2000년대 전후 도시확장에 따라 생겨난 학교들은 디지털로 찍힌 모습이다. 이들의 일천한 역사에 생략할까 하다가, 늦막에 어찌어찌 생긴 자식이 효도하더라는 일화를 믿고 그냥 남겨두었다.

책이 나오기까지 물심양면으로 협조를 아끼지 않은 이수경 익산교육지원청 교육장과 최영규 전라북도의회 교육위원장에게 감사한다. 무엇보다도 좋은 사진을 조건 없이 넘겨준 동국사 종걸스님과 귀한 사진을 내어 준 시민들께 감사한다.

원광대학교 대안문화연구소 장윤준 박사는 '익산시 읍면 인문사회 문화 및 교육' 파트를 집필하고 많은 자료를 점검해 주었다. 꼼꼼한 교정과 역사적 사실을 다시 한번 체크한 대학원생 신청룡 군, 디자인을 책임진 모비주얼 김우영 대표, 거친 책을 우아하게 감싸 준《중원문화》황세연 대표에게 감사한다.

2020. 5.

신귀백

1940년대 이리시내 손지도

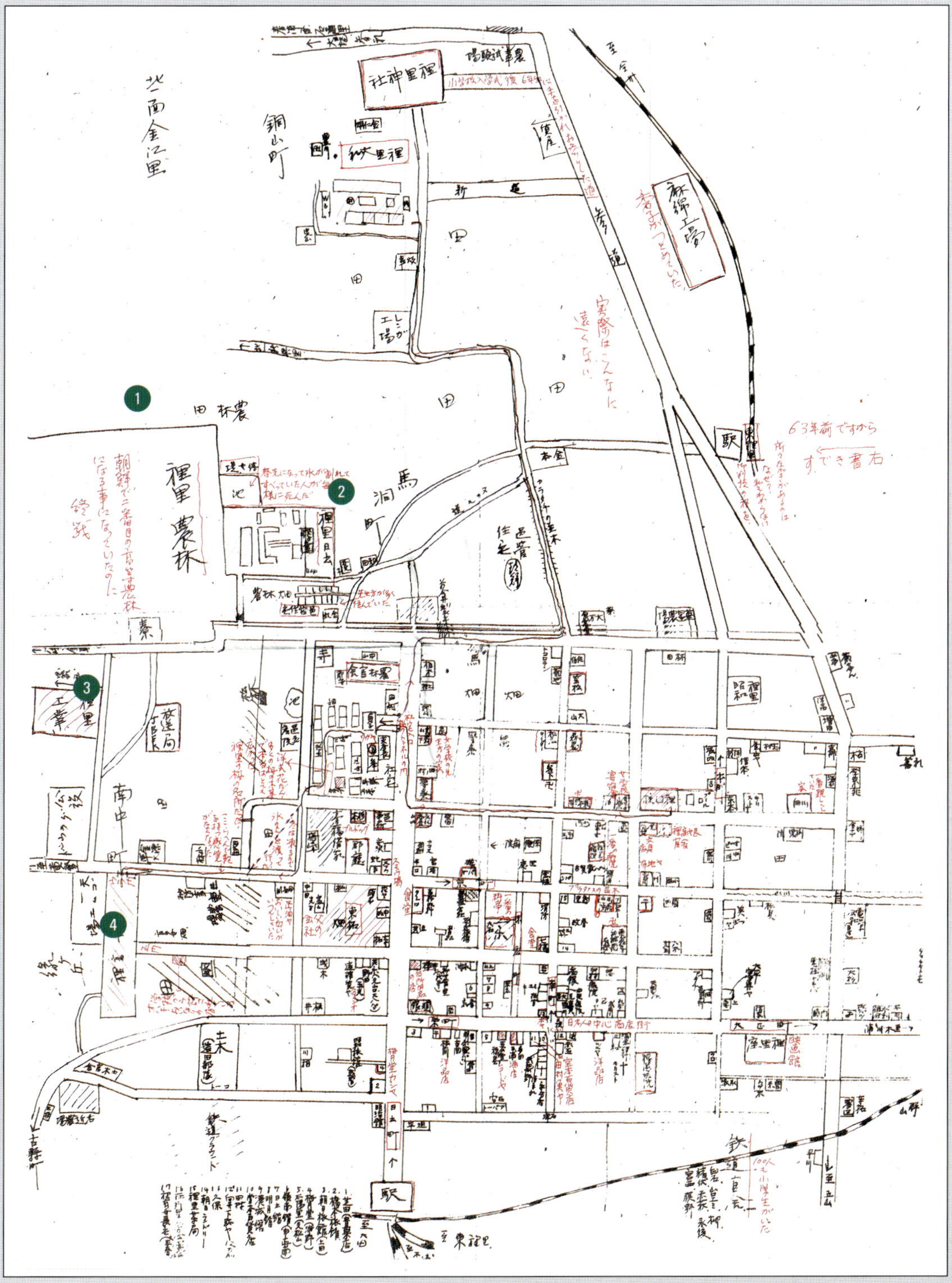

1940년대 이리초등교사를 지낸 田村敏子(다무라 토시코, 1923 이리출생)가
2008년에 그린 1940년대 이리시내 손 지도

1. 이리농림학교 2. 이리초등학교 3. 이리공업고등학교 4. 이리여자고등학교

단결하여 방첩하고
건설하여 승공하자
물자절약
이리역
STATION
안전수송
안정속에번영온다
이리경

겨울 이리역이 까마귀떼였다면 여름철 익산역은 백조떼였다.

목차

CONTENTS

익산 교육의 시작

향교와 서원

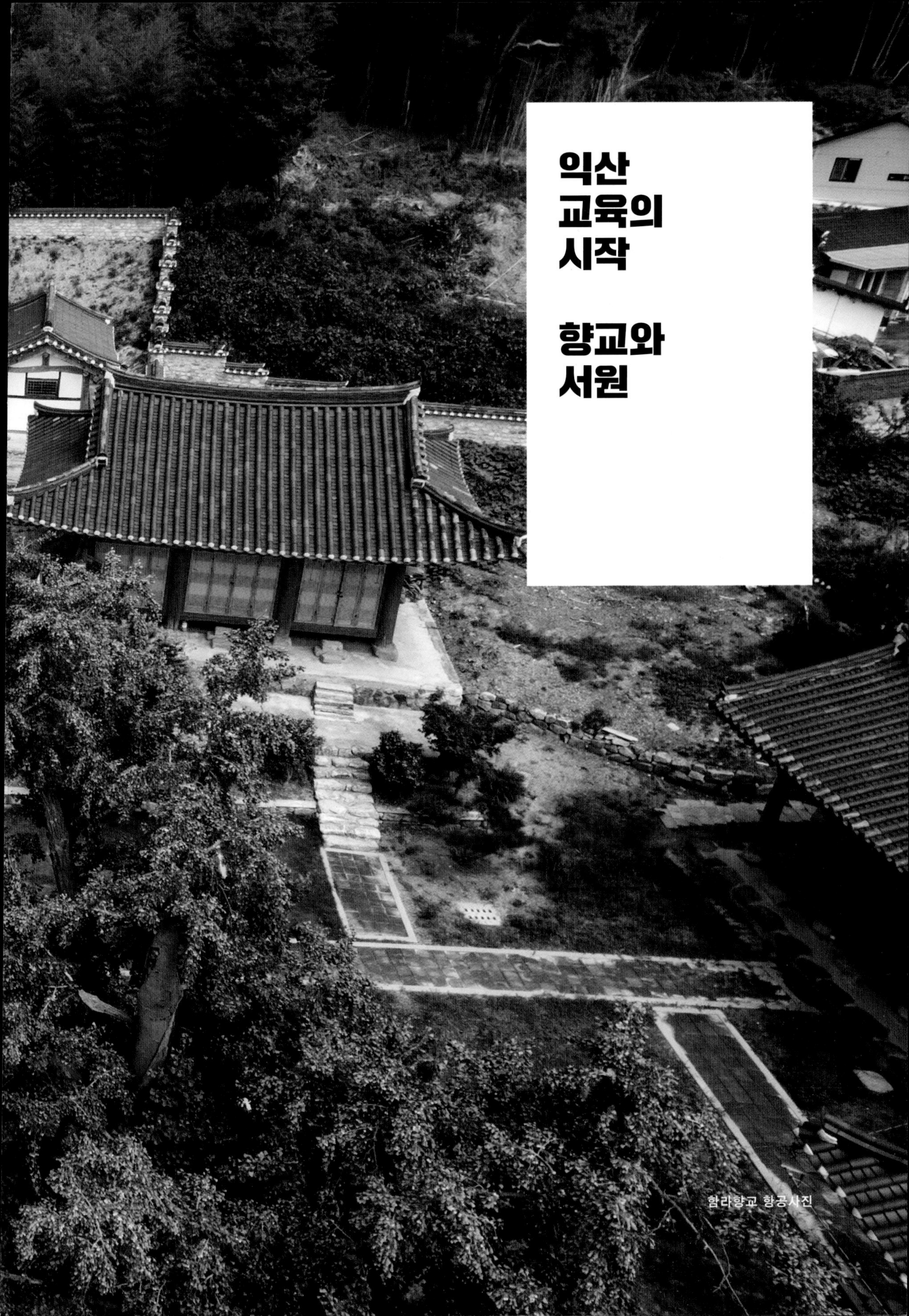

함라향교 항공사진

익산(益山)의 근대 이전 교육기관

익산 백제는 중국과의 교류가 매우 빈번하였으므로 직접 그 문화를 받아들여 자체의 문화발전을 도모했다. 향교(鄕校)는 조선시대에 유교적 학습과 제례공간으로 사용되었다. 즉 지금의 공립학교의 기능을 수행했다. 사립학교 기능을 하는 서원도 있었다.

향교는 조선시대 유교이념에 따라 전국의 군현에 향교가 설립되는데 익산에는 금마·여산·함열·용안에 향교가 지금도 존재한다. 지방의 교육을 담당한 향교는 교육기능뿐 아니라 일반 백성들에게 미풍약속을 고취시키는 등 사회 교화 기능도 갖고 있었다.

익산 향교

익산 향교는 금마면 금마산 아래 교동마을에 위치한다. 기록에 따르면 태조 7년(1398)에 창건된 익산 향교는 임진왜란 때 소실된 것을 인조 6년(1628)에 중건했다고 한다. 향교 정문에 들어서면 공덕비와 선정비 등 비석 17기가 즐비하다.
향교의 관리자를 전교라고 한다. 보통 향교는 공자를 상징하는 은행나무를 심는다. 향교는 선현에 제사 지내는 배향공간과 학생을 가르치는 교육공간으로 나뉘어 있다. 교육공간인 명륜당(明倫堂)과 기숙시설인 동재, 서재가 있다.

여산 향교

익산시 여산면에 자리잡고 있는 여산 향교는 조선 태종 3년(1403) 여량현에서 옮겨왔다고 전해지고 있다. 정면 5칸 측면 3칸의 팔작지붕으로 되어있는 명륜당이 있다.
내삼문으로 들어가면 대성전과 동재·서재가 균형에 맞춰 위치해 있다.

함열 향교

함열 향교는 함라산 자락인 함라면 교동길에 자리한다. 보통 교동이라는 지명을 가지고 있는 마을들에는 향교가 위치한다. 임진왜란 때 전소돼 영조 때 다시 지었다. 향교의 크기를 살펴보면 당시 함라면의 위상을 알 수 있다. 인조 4년(1626) 중국에 사신으로 갔던 남궁경이 귀국하면서 가져온 공자 영정을 숙종 43년(1717) 함열 향교 경내에 영소전을 세워 봉안했다.

용안 향교

용안이 옛날에 양반고을임을 증명하는 공간이다. 고려 공양왕 3년(1391) 처음 지어졌으며, 임진왜란 때 소실되었다가 광무2년(1897) 다시 중건됐다. 1927년 화재로 대성전만 남고 모든 건물이 불에 탄다. 용안에서 초등학교를 설립하려 할 때 이 땅을 내어놓는다. 대성전 내부에는 공자 초상화와 중국 4현, 우리나라 18현의 위패가 자리한다. 용안 관내의 광두원(廣頭院) 봉수는 은진의 강경산(江景山) 봉수와 연결되고 북쪽 금강변의 금두포(金頭浦)에 조창(漕倉)인 득성창(得成倉)이 있는 것과 관련이 깊으니 당시 주요 고을임을 암시한다.

화암서원(華巖書院)

전라북도 익산시 금마면에 있는 조선전기 이공수(익산 이씨의 시조)를 추모하기 위해 창건한 화암서원은 익산 최초 서원이다. 1552년(명종 7)경 금마면 기양리 노상마을에 세워졌다. 이공수(李公遂) 선생의 학문과 덕행을 추모하기 위해 창건하여 위패를 모셨다. 그 뒤 1623년(인조 1) 소세량(蘇世良)·소세양(蘇世讓) 등 학식이 높은 선비들을 추가 배향하였으며 지방교육의 일익을 담당하여왔다. 1869년(고종 6)경 대원군의 서원철폐령으로 훼철되어 서원의 전답은 익산 향교로 귀속되었다가 1977년 군내유림에 의하여 복원되었다.

피검자 동정 맹휴가 확대

동아일보 1930.11.22. [이리] 기보

이리농림학교 조선인 학생들이 일선인(日鮮人) 학생 차별철폐 등 여러가지 조건을 들어 학교당국에 진정하고 여전히 등교하면서 하회를 기다리든 중 학교당국은 전기 학생대표자 8명 중 윤수동, 박사진, 신정근, 림방래 등 5명은 퇴학처분, 또 라병소, 윤석창, 김춘표 등 3명은 정학처분을 하자 이어서 경찰은 전기퇴학생 5명을 지난17일에 검속하고 학생들의 신변과 숙소를 감시수색함이 심함으로 동교 조선인 학생들은 동정과 불안이 심하야 지난17일부터 2, 3학년생들이 일제히 동맹휴학하고 그 이튿날부터서는 4년생 측에서도 또 동정휴학을 하얏을 뿐 아니라 기타 학년의 조선인 학생들도 동요성이 보인다는 바. 동 학교는 침울, 불안의 공기에 싸여 있고 당국자들은 저윽이 낭패한 기색이 농후한데 동맹휴학생에게 대하야 21일에 일제 등교하라고 통지를 발부하얏다는 바.

근대 교육의 탄생과 익산시

1942. 이리역 플랫폼의 이리농림학교 학생들

이리농림학교

5년제 관립 농업학교의 시초

익산시는 일찍이 농업 선진 공간이었다. 일제시대 때는 한국 근대농업의 심장으로서 남선지장(후일, 호남작물시험장) 등 농업 관련 중요 연구소와 시설이 익산에 위치한 것도 이 지역의 농업 발전에 큰 도움이 되었다. 그리고 1922년 5월 5년제 공립이리농림학교가 설립되었다.

이리농림학교는 진주농고·수원농고와 함께 일제시대 전국 3대 농업고로 꼽혔다. 함경남북도·경기도 등 전국에서 지원하는 학생들로 인해 입학시험 경쟁률이 보통 30대 1이 넘었다. 모든 학생들은 기숙사 생활을 했고, 졸업 후 도청·시청·식산은행·동양척식주식회사 등 모든 졸업생의 취업이 보장됐다.

裡里農林學校

本年四月부터全北裡里에新設할官立裡里農林學校는開校準備事務所를清京里京城農業學校內에置하고目下農業林業의兩科를通하야第一學年生五十名第三學年生農業科五十名을募集하는中인데同校는修業年限五年으로程度는中學校와同하며卒業後는判任文官에任用되는資格을附與한다는데第一學年에入學할者는年齡十二年以上의尋常小學校卒業又는修業年限六年의普通學校卒業又는此와同等以上의學力을有한者요第三學年에入學할者는年齡十四年以上되는修業年限二年의高等小學校卒業者從來의規定에依한農業學校卒業者又는此가同等以上의學力을有한者도합入學試驗其他에關하야는官報에揭載하얏다더라

이리농림 개교 관련 기사

1932. 이리농림학교 기숙사

1922. 이리농림학교 환영식

이리농림학교 시녀지에서 보트타는 학생들

이리농림학교는 '농업진흥'과 '농림직 지도자 양성'을 목적으로 익산시 마동의 잠업회사를 가교사로 하여 전국 유일의 갑종 실업학교로 출발했다. 1925년 4월 관립에서 도립으로 이관되고, 1931년 3월 수의축산과가 증설되어 3과에 15학급으로 편성되었다.

이리농림학교는 조선인과 일본인이 반반으로 구성된 이른바 '내선공학(內鮮共學)' 농업학교였다. 이리농림학교는 1930년부터 육군 현역장교가 배속되면서 군사훈련이 시작되었다. 이리농림에서는 광복될 때까지 항일운동이 전개되어 광주학생사건 이후 농과 5학년 박증구를 중심으로 독서회 조직활동을 하다가, 1930년 2월 관련학생들이 퇴학당하였다. 같은 해 11월 추계대운동회 때에 일본인 교우

군사훈련을 받는 이리농림학교 학생들

가 한국인을 차별하자, 민족차별철폐운동을 전개하고 맹휴한 사건으로 임과 4학년 윤수동 등 7명이 퇴학당하였다.

또한 이리농림의 항일투쟁비밀조직인 화랑회사건이 1945년 4월에 적발되어 농과 4학년 이상운 등 8명과 항일투쟁으로 퇴학당한 독립당원 5명 등 13명이 구속되어 모진 고문과 시련을 당했다. 끝까지 항거한 이상운 의사는 18세를 일기로 그 해 7월 17일 조국의 광복을 보지 못하고 옥사하였다.

이리농림은 농업뿐만 아니라 호남의 근대스포츠를 이끌었다. 이리농림은 학교 설립 직후부터 학원스포츠를 발전시켰다. 1935년 이리농림 축구부는 그해 8월 호남축구대회에서 우승한 후, 9월에 열린 제7회 전조선 중등학교 축구대회에서 우승한다.

붉은 벽돌의 이리농림학교 축산과 교사는 1932년 건립되어 69년 동안 축산과 교실로 사용되었다. 이후 근대문화유산 등록문화재 제178호가 되었다. 근대농업의 요람이었던 이리농업고등학교도 1970년대까지 그 화려한 명성을 이어갔으나 1991년 학생모집을 중지하면서 그 명맥이 끊겼다.

이리농림학교 학생들의 모내기 실습 후 휴식

생물수업중인 이리농림학교 학생들

이리농림학교 수의축산과 해부실습 교육

이리농림

1947년 도립농과대 설립 인가가 나면서 이리농림은 '이리농대'가 되었다. 전북대학교가 구색을 맞추기 위해 1963년 이리농대는 전북대학교 농과대로 이전을 했는데, 당시 이리시민들은 전주이전을 결사반대하였다. 1959년 이리방송국 이전에 이어 1959년 전북공대 이전 등 안타까운 일들이 계속되었다.

이리농림은 1991년 국립 이리농공전문대학으로 개편되었다가 결국 전북대 농과대학으로 통합되어 오늘에 이르고 있다. 1993년 2월 이리농림의 마지막 졸업식이 열렸는데, 그때까지 한국인 1만3천9백70명, 일본인 1천2명이 이 학교를 거쳐 갔다.

1942. 증기기관차 미카 앞의 이리농림학교 학생들

매일신보, 1921년 12월 9일 기사

이리농림교에 1,000여명 지원
100명 모집에 10배 이상

전북이리농림학교는 본시 관립으로 농림 양과를 별설한 것이 수원고농을 제한 외에는 조선의 효시오. 그 시설의 광대함이 유일한 터로 3년 전에 도이관으로 되엇스나 입학지원자는 조선각도를 통하야 응모함으로 그 출신의 각도 활약이 상당함은 세인의 공인하는 바며 금년 졸업생 중에도 도외생이 반수 이상을 점하얏다 한다. 딸하서 연연이 각도로부터 입학지원자가 물밀 듯 하는 터인데 금춘 지원기도 거오일로써 만기되엇는 바. 양과 함께 100명 모집하는데 10배 이상을 초과하는 1,071명 경이할 숫자를 시하얏스나 작년 1,141명에 비하면 70명이 감한 현상이라할지라도 경쟁시험은 매우 격렬하야 입학난은 도저히 불가피의 일이라더라.

裡里農林校에 志願十二倍
千餘學生은將安之

全北裡里農林學校에서는來二十三日부터新入生入學試驗을行할터이라는데農林兩科를通하야百名募集에入學志願者는一千一百三十四名에達하야約十二倍라는未曾有의數字를示한바이試驗地獄에서어린生靈들의고욕히시달릴것은미리想像되는바이라더라(裡里)

六十一萬四千三百八十七圓合計六十一萬六千五百十六圓이오輸入額이二千六百七十八圓移入額이三十五萬六千三百九十八圓合計三十六萬一百十七圓인바總計가九十七萬六千六百三十三圓이라하며輸移出超高가二十五萬六千三百九十九圓이라는데移出入重要品은如左하다더라(馬山)

이리농림학교 축산과 건물의 현재모습(근대문화유산 제178호)

개교 60주년 기념식

한하운 시인의 보리피리 시비

이리농림의 시녀지

1982. 이리농림학교 개교 60주년(이리역)

대학도시 익산

원광대학교

현재 원광보건대학이 사용하고 있는 옛 원광대학교 초기 건물

1946년 9월에 재단법인 원불교 중앙총부(圓佛敎中央總部)에서 유일학림(唯一學林)으로 설립한 것이 원광대학교의 시초이다. 유일학림은 각 3년제의 중등부와 전문부로 구성되어 원불교학과 불교학 및 교양과목을 가르쳤으며, 이후 중등부는 원광중·원광여중·원광고·원광여고로, 전문부는 원광대학교로 발전하였다.
현재는 학교법인 원광학원에서 원광대학교를 운영하고 있으며, 건학정신은 '물질이 개벽되니 정신을 개벽하자', 교훈은 지덕겸수(知德兼修)·도의실천(道義實踐)이다.
학부와 대학원을 합쳐 17,000여 명, 원광보건대학을 포함한 캠퍼스 크기는 무려 23만 평으로 전국에서 순위권에 든다. '전국에서 가장 아름다운 캠퍼스'에 1위로 선정된 적도 있다. 의과대학, 치과대학, 한의과대학, 약학대학, 간호대학, 법학전문대학원이 모두 개설되어 있는 몇 안되는 대학교이다.

1956. 박길진 총장의 미국 방문을 앞두고 익산역에서 환송식

1970년대 원광대학교 주변 항공사진

1965년, 원광대생 한일회담 반대시위

당시는 단과대학이던 원광대생들의 1965년 한일회담 반대시위로 이리역 방향으로 진출하기 전, 경찰의 저지가 안 보이는 조금은 낭만적인 청년들의 모습이다. 교문 위에는 '간첩자수 신고기간'이란 현수막이 붙어 있다. 왼쪽에 근심스레 바라보는 사람들은 교직원으로 보인다.

당시 원광대학교 쪽은 거의 이리시가 아니었다. 북일면으로 외곽이었다. 이 사진 속 교문이 첫 번째 원광대 정문으로 지금은 원광보건대학 정문이다. 원광대학교는 황등석으로 지어진 우아한 돌집에서 법과대학과 문과대학으로 출발한다. 인문적 철학적 바탕에서 오늘날 거대한 메디컬센터를 가진 한국의 중심 대학으로 성장했다.

한일협정이 체결되기까지 14년 걸렸다. 미국원조가 대폭 삭감된 상황에서 경제개발계획에 따른 투자재원이 절실한 군사정부는 일본자본의 유치라는 절박한 필요성에 따라 한일회담의 조속한 타결에 집중했다. 중국견제라는 미국의 동아시아 전략과 일본자본의 해외진출 욕구와도 맞아떨어지는 것이었다. 대일청구권문제 등 굴욕적인 회담 추진 과정에 대한 전국적 반대투쟁이 거세게 일어났으나 군사정권은 6월 3일 비상계엄령을 선포하여 시위를 무력으로 진압한 후, 6월 22일 한일협정을 조인한다. 이 사진마저 없었다면 원광대나 익산시의 역사는 매우 쓸쓸했을 것이다.

1970년대 초
이리역 승강장의 원광대생들

대학도시 익산

중앙대학교이리분교

중앙대학교이리분교 교사

동양척식회사 건물(현 익산IBK은행)

현재 중앙시장 안쪽에 당시 사용하던 중대 이리분교 건물이 있다.

중앙대학교 개교 30주년 이리분교 신축교사 낙성식 (중앙대학교100년사)

중앙대학교이리분교 신축교사 낙성식

지금의 IBK은행, 과거 '원여상' 자리에 중앙대학교이리분교가 있었다. 한국전쟁의 와중에도 중앙대학교는 1951년 10월에 이리분교를 설치하는데, 해방 후 '귀속농지 관리국' 창고건물을 임시교사로 사용했다. 쉽게 말해 동양척식회사 이리지점 자리였다.

당시 이리분교에는 중앙대생 말고도 피난 중인 서울대, 연세대 학생들도 강의를 듣는 등 수강생이 656명에 달했다. 당시 학교장이던 임영신 여사가 전북사람인 것과 중앙시장통에 자리한 호남의원 원장 윤부병 박사의 공이 커서 약학대학이 유치되었다. 그래서 익산에는 나이 드신 약사 중에는 중앙대학교 출신들이 더러 눈에 뜨인다. 전쟁이 끝난 후 이리분교는 문교당국의 존속 허가를 받고 신축교사에서 공부하게 되는데 이 사진은 1955년 11월 5일, 새로운 건물을 지은 것을 기념해서 찍은 사진이다.
1960년 중앙대는 결국 서울로 올라가고 그 빈 공간에 1962년에 원광여자중학교와 원광여자상업고등학교가 사용하게 된다. 이 자리에는 현대식 7층건물이 들어섰으나 시내 한 복판에 위치한 관계로 원광학원(현 원창학원)의 여학교는 지금의 모현동으로 이사하게 된다. 아직도 중앙시장 안쪽에는 중앙대가 사용한 당시 건물이 남아있다.

대학도시 익산

이리공대와 이리농대

익산시청 곁 현 전북기계공고 자리에 위치한 옛 이리공대

1948년 4월 정부는 이리농림학교를 이리농과대학으로 개편했다. 이후 1951년 국립 전북대학교가 설립되면서 이리농과대학은 전북대학교의 모체가 되었다.

이때 도립 이리농과대학은 전북대학교 농과대학으로 개편되었고 농학과, 임학과, 수의축산학과 3개 과로 운영되었다. 그러나 1963년 3월 이리시에 있던 전북대 농과대학은 전주 덕진 캠퍼스로 이전하고 그 자리에는 이리농림고등학교가 들어섰다. 한편 1951년 전북대학교 공과대학 설립추진위원회가 발족하고, 1952년 4월 이리 전북대 농과대학 자리에 기계, 전기, 제지(화공), 채광야금 4개 학과가 문을 열고 640명이 입학하면서 전북대 공대는 설립되었다.

옛 이리농림학교 자리를 이어받은 현재 전북대학교 익산캠퍼스

이리농림학교 자리에 위치한 이리농대

전북대 캠퍼스가 전주시 덕진동에 자리 잡으면서 1966년부터 이리공대 전주 이전은 공대 학생들의 숙원이 되었다. 그러나 당시 정부는 이리공대를 전북대와 분리하겠다는 안을 갖고 있었고, 이에 공대 학생들은 격렬하게 반발하며 '공대 분리 결사반대' 투쟁에 나섰다. 결국 공대 분리는 무산되었고 이리에 있던 전북대 공대는 1974년 전주로 이전이 확정되었다. 정부는 전북대 공대가 이전하는 대신 국립 전북기계공업고등학교를 설립하겠다고 약속했다.

동아일보 1947.08.26 기사

전북 이리에서는 당지에 농과대학을 신설하고저 농대기성회를 조직, 관계자들이 적극적 추진에 맹활동 중 재단의 일부도 확립을 보아 전북 박 지사를 위시하야 윤 학무과장 그리고 기성회를 대표하야 배헌, 양윤묵, 이정우, 강영준 제씨가 상경하야 문교부와 원만한 타협을 보아오는 9월부터 개교할 예정이라고 한다.

익산 속의 중국

화교학교 (사진제공 : 장가가)

1959. 오하시 농장을 사들인 후 화교학교가 자리했다.

주현동 구시장 입구에 화교학교가 있었다. 이 사진이 중요한 이유는 일제강점기 시절 오하시(大橋) 농장의 사무실 모습을 그대로 보여주는 데 있다. 오하시 농장은 제법 컸다. 메인 건물은 화교학교가 사용했고 마당은 화교학교 운동장으로, 뒤쪽 창고 건물에는 한양직물이 자리했었다.

한때 한국인 자제들도 중국어를 배우기 위해 화교학교에 다녔다. 화교학교는 이제 문을 닫았고 마당은 최근에 주현동천주교회에서 주차장으로 구입했다. 아직도 오하시 농장의 돌담은 살아있다.

리홍장이 대원군을 납치할 때, 청일 전쟁 전후로 중국 군인들과 더불어 화교들이 들어왔다. 남쪽 강소성 출신들에는 벽돌기술자들이 많아서 전동성당, 나바위성당, 대아댐을 짓는데 기술력을 발휘했다. 중국식당을 경영하는 분들에는 산동성 출신이 많다. 포목점을 운영한 소위 '왕서방'들은 아직도 익산시 구시장에서 비단 가게를 운영하고 있다.

오하시 농장의 규모를 알 수 있는 사진

화교학교를 방문하여 격려하는 육영수 여사

1954. 화교학교 학생들

군사정권 시절의 교련 교육

70-80년대의 교련 교육과 사열

1972. 만경강교까지 교련 행군하는 남성고 학생들

교련 활동

70년대 유신시절부터 이어져 온 교련은 갈수록 강화되었다. 모든 학교는 교련복을 입고 열병과 분열을 하여야 했고, 여학생들도 의무훈련이나 소방훈련에 동원되었다. 교내소풍은 보통 10km가 넘는 행군을 해야 했기에 오히려 소풍이 더 괴로운 날이 되기도 했다.

60년대에 학교생활의 한 축을 담당했던 각종 조회와 제식 훈련은 이때 더욱 강조되었으며 모든 학교에서 교련이 정식 과목으로 적용되어 학생들은 정규 교과 시간뿐만 아니라 창의적 체험활동의 일환으로 기초 군사훈련, 제식훈련, 총검술, 집총훈련, 개인화기 사격술 등과 같은 훈련에 참여하였다.

학생들은 학교에 파견된 현역 장교들에 의해 주기적으로 검열과 훈련을 받았다. 특히 학생들이 실제 개인화기와 비슷한 형태인 '목총' 등을 소지하고 합동 검열을 받고 다양한 훈련에 참가했다. 특히 학생들이 거수경례를 생활화하고 열병과 분열 등과 같은 제식동작을 중요하게 여기게 되면서 모든 학교 행사에서 통일성이 강화되었다. 아울러 학생들이 입은 교련복도 그 무늬와 형태가 현역 군인들의 전투복과 유사하다는 점도 교련 훈련에 대한 당시 분위기를 느끼게 해준다.

또한 총검술과 개인화기 사격 훈련 모습은 실제 현역 군인들 못지않은 강도로 진행되었다. 이와 같은 교련 활동은 70년대 학교생활 전반에 많은 영향을 끼쳤다.

1976. 전북기계공고 학생들의 교련사열 퍼포먼스

1972년 시월유신 행사에 중고등학생들이 동원되었다. 자연스럽고 당연하게 교련교육이 강화되어 남학생들의 행군 시에는 교련복을 착용하고 여학생들에게도 교련교육이 강화되었다. 모든 학교 행사에 교복과 교련복, 체육복 등 통일된 복제(服制)와 질서 등이 강조되었다. 또한 새마을운동에 동참한다는 미명하에 이리역 앞의 청소 캠페인과 반공궐기대회에 동원된 것이 특징이다.

익산시의 열기, 까마귀떼
기차통학생들

까마귀떼

1900년대 초반, 갈대가 무성한 만경강 가 익산의 아랫녘에 신문물인 열차와 기차역이 들어선다. 당연히 신식교육도 함께 들어온다. 1912년 호남선의 개통과 군산선이 함께 연결되면서 이리역은 새로운 도시 이리를 탄생시킨다.

이리는 그냥 익산만의 학교를 거느린 도시가 아니라 김제, 옥구, 삼례, 부안 멀리는 강경과 정읍사람들이 공유하는 교육도시였다. 집이 너무 먼 학생들은 하숙을 하거나 자취를했다. 지금의 익산시청 주위에는 하숙과 자취집이 많았다.

익산역은 아침과 저녁으로 검은 교복의 학생들이 수천명 모여드는 까마귀떼가 모이는 진풍경을 연출했다.

검은 학생복 차림 또는 하얀 여학생들의 교복은 우 리경제의 버팀목으로 자리했다.

통학생들은 열차시간에 맞추기 위해 영화를 보는 일도 힘들었고 따로 방과후 활동을 하기도 어려웠다.

역 앞에는 통학생들을 위한 도서관인 적십자 회관이 있었다. 그리고 익산의 초기 태권도장 등 체육관은 주로 이리역 앞에 포진해 있었다.

이 당시 학교 앨범을 보면 군산선 정읍선 강경선 통학생들만 따로 모여 사진을 찍었고 통학반장이 따로 있었다. 모두들 새벽밥을 먹고 익산 시내로 모여드는 학생들이었다. 당시 돈을 내지 않고 무임승차 하는 것을 '때뽀차'를 탄다고 했다.

1958. 증기기관차 미카 앞의 남성고 군산선 통학생 일동(사진제공 : 김중수)

60년대 강경읍의 소년은 일찌감치 세상을 알아버렸고, 통학기차를 타고 익산으로 가면, 대폭발로 지명까지 사라져 버린 옛 이리역의 거대한 사창가 누나들이 쓰디쓴 세상의 한복판에서 생의 한순간을 간신히 기워가는 것을 매일같이 봐야 했다. 『더러운 책상』에서 박범신은 이렇게 쓴다.

"통학 기차를 타려면 서둘러야 할 시간이다. 광기의 파장이 세계로부터 그의 내부로 여전히 수신되고 있지만, 그는 일어나 밥을 먹어야 한다. 장독대 어귀의 펌프 샘가에서 어머니가 양은대야에 담아다준 세숫물에 손 담글 때, 무엇인가 반투명한 것이 언뜻언뜻 대야 속으로 투신하는데, '눈이다. 어머니 눈이 와요'라고 말하려 하지만 성대를 따라 올라오는 문장은 그것과 딴판이다. 어머니, 케네디 대통령이 죽었어요."

두근두근 수학여행

익산지역 학생들은 일제강점기부터 부여수학여행이 많았다. 가까운 이유도 있었지만 백제패망에 대한 부정적 이미지를 심기 위한 목적도 없지 않았다.

익산의 모든 초중고등학교 소풍이 배산에서 진행되는 것은 누구나 안다. 국민학교 중 이리 시내권은 4학년 때 첫 여행지로 대개 금산사를 택한다. 5학년 때는 부여를 가고 6학년 때는 서울 수학여행을 가는 것이 보통이었다. 1970년 서울 경서중학교 열차사고로 인해 서울 여행이 취소되는 때가 있었다.

중학교나 고등학교 때는 보통 2학년 때 수학여행을 간다. 중학교는 보통 속리산을 가거나 경주를 가는 것이 일반적이었다. 고등학교 때 제주도를 가거나 설악산 쪽을 향했다. 제주도를 가는 배는 '가야호'로 보통 10시간이 넘는 고역을 견뎌야 했다.

경주 쪽을 택하면 부산이나 울산까지 둘러보는 코스가 대부분이었다. 이리역에서 열차를 타고 대전을 거쳐 경주나 해운대역까지 가는 코스가 일반적이었다. 경주에는 국보도 많고 멀리 경상도를 향한다는 교육적 측면이 많았으나 경주 쪽 여행사에서의 적극적 로비도 한몫했다는 설도 있다.

한방에서 십여 명 이상이 자야 했고 반찬도 형편없었으나 모두 잊을 수 없는 체험을 하고 친구들과 하룻밤 자면서 진정한 친구를 만나는 계기가 되기도 했다. 앨범 촬영을 위해서 사진사가 수학여행에 따라가는 경우도 있었다. 요즘에는 중국이나 일본 등 외국으로 수학여행을 가는 것도 보통이지만 당시에는 수학여행을 못 가는 학생들도 많았다.

1970년대 해인사와 불국사는 중요한 수학여행코스였고 대개 기차를 이용했다.

2000년대 들어서 일본 오사카로 수학을 떠나는 익산지역 학생들

지겨운 배산 소풍, 그러나 그리운

배산 소풍과 행군

1957년, 이리 제일유치원생들의 생애 첫 번째 소풍이다. 제일교회에서 운영한 사립유치원이었다. 어르신들 말씀으로 소풍장소는 철로가 가운데 걸쳐있는 모습으로 보아 현재 갤러리아 예식장 가까운 쪽 배산으로 보인다고.

당시 유치원은 좀 있는 사람들의 자녀만이 다닐 수 있었다. 소풍장소까지 풍금을 싣고 온 정성이 대단하다. 학부형들이나 어린아이들의 입성이 깨끗하다. 당시 어머니들은 모두 한복을 입었다. 유치원 선생님과 반주자까지도 한복차림이다.

대학을 가기 전까지 초중고 모두 합해서 12학년 봄가을 24번의 소풍 중 거의 열댓 번은 가야 익산을 졸업하는 배산은 지겨운 곳이었고 또 추억의 장소였다.

학생들이 소풍 장소가 질린다고 하면 가끔 소라단 혹은 수도산으로 소풍을 가기도 했다. 1970년대 유신시대가 되면서 군사문화가 강화되자 교련교사를 중심으로 장거리 행군이 시작되었다. 미륵사까지 걸어가거나 만경강 까지 걸어가는 행군 혹은 이리시에 사는 학생들은 함열까지 기차를 타고서 숭림사까지 걸어가는 '고난의 행군' 시절이 있었다.

익산의 스포츠

스포츠 교육의 메카 익산

일제강점기 시절 이리농림에는 축구부와 야구부가 있었다. 일본인들이 주로 다니는 이리공립심상학교(현 중앙초등학교)에는 풀장이 있었다. 이리초등학교는 30년대 후반 전북야구대회에서 우승한다. 후일 이리농고를 졸업한 박종길은 사격으로 명성을 떨치고, 유인탁은 1984 LA올림픽에서 금메달을 딴다.

이리공고와 이리고등학교는 축구가 주축이었다. 이리고 고정운은 축구 국가대표를 지낸다.

남성고는 초기에 유도와 태권도를 키웠다. 남성고 15회 최규본은 대만에서 열린 '아시아유도대회'에서 한국인 최초로 금메달을 획득한다. 이후 1972년 남성고 2년생 유종만은 국가대표로 뮌헨올림픽에 출전하였으나 아깝게 8강전에서 패배한다. 하지만 이리시민들은 그를 환영하기 위한 카퍼레이드를 해줬다. 이후 유도의 명성은 원광고로 이어져 조형철 같은 대형선수가 탄생한다.

1942. 이리농림학교 야구부

원광고등학교 유도부와 전북제일고등학교의 펜싱부

이리여고의 육상부는 한국마라톤의 전설 오미자 선수를 키워냈다. 현재 이리공고 육상부는 전국체전 금메달의 보고로 전북의 위상을 높이고 있다. 이리여고와 이리상고는 펜싱의 산실이다. 2012런던올림픽에서 금메달을 딴 김지연은 익산시청 소속의 선수였다.

남성고는 배구에 집중하여 신진식을 비롯한 대형선수들이 나오면서 현재까지 전국 최강의 전성기를 맞고 있다. 전북제일고(구 이리상고)는 송학초와 이리중에서 성장한 핸드볼 선수들을 키워서 해마다 전국대회를 제패하고 있다.

익산에서 제일 이름을 떨친 스포츠맨은 누가 뭐래도 이일여고 졸업생 탁구의 양영자다. 남북스포츠 평화의 상징인 양영자는 이리 중앙시장 한복집 딸로 이일여고를 졸업한 후 1988 서울 올림픽에서 현정화와 여자 복식 금메달을 획득한다.

이리역 폭발사고
일어서는 익산

소라단 천막 마을에서도 해맑게 웃는 어린이들

1977년 11월 11일 금요일은 대학입학 예비고사를 보는 날이었다. 저녁 9시 월드컵 최종예선전 한국 대 이란의 경기가 9시부터 열렸고, 같은 시간에 이리 삼남극장에서는 '하춘화 쇼'가 진행되고 있었다. 당시 이리역에는 9시 7분에 대전으로부터 출발한 통근열차가 도착하여 승객들이 내린 직후였고, 전체 8개의 레일 중에 문제의 1605호 화물열차 외에 2개의 레일에 기관차가 출발을 대기하고 있었다.

화약적재 화물열차가 폭발하여 역구내 4번선에 깊이 15미터, 폭 40미터의 큰 웅덩이가 생기고 열차와 철로가 박살났다. 이 사고로 사망 59명, 중상 185명, 경상 1,158명, 이재민 9,973명, 1,982세대, 건물 9,530동의 막대한 피해를 입었

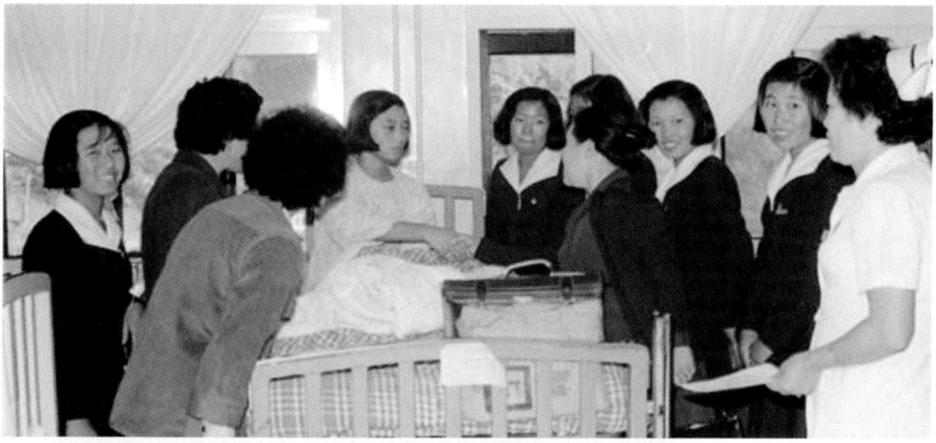

1977. 이리역폭발사고때 다친 친구를 위문하는 학생들 (상)

1977.11.11. 기관차가 날아가고 구덩이가 파인 그라운드 제로(중)

1977. 이리역 폭발로 인해 많은 유리창이 날아간 원광여중고(하)

고, 돌풍에 의해 반경 8km까지도 유리가 깨졌다. 한국 철도사상 최대의 참사로 기록됐다.

이리역폭발사고 이후 이리남성여고와 원여상이 가장 많은 피해를 입었는데 남성여고의 교실밖 수업은 신문에 나기도 했다. 전북기계공고 학생들은 소라단 천막촌을 지을 때, 전기공사를 해주기도 했다.

정부의 '새이리건설'을 위한 집중적인 투자를 통해 이리시의 중심시가지는 획기적으로 변화했지만 죽은 자는 말이 없다. 창인동은 새로운 상업주거 지역으로 변모했고 '마살메'에는 모현아파트가 들어섰으며, 이리역 앞 중앙로와 남북로가 원광대까지 시원하게 뚫렸다.

한국 문학의 보금자리

익산 문학

1959년 가을. 전주 이리 군산의 고등학교 학생들이 시화전을 열고 기념 촬영한 사진으로 묘한 아우라가 있다.

두 번째 줄 신사들은 지도교사들이다. 좌측에서 네 번째분이 남성여고에 재직 중이던 소설가 홍석영 선생이고 그 곁 안경 쓴 분은 한시 전공의 조두현 선생이다. 한 분 건너 하이칼라 머리 스타일은 문학평론가 천이두 선생이다. 두 분 다 당시 남성고등학교에 근무하시다가 원광대 국문과로 옮기셨다.

여기 청소년들 속에서 맨 윗줄 좌측 키가 큰 학생은 후일 소설가로 이름을 날린 최창학(전 서울예전 문예창작학과 교수)소설가다. 네 번째 줄 좌측 세 번째 하얀 교복을 입은 고1 학생은 후일 국어교사가 된다. 백영기 선생이다. 이 분 아들이 요즘 잘 나가는 백가흠(계명대학교 교수) 소설가이다. 이 사진 속 문학의 꿈을 키우던 여학생들은 모두 70대 후반일 것이다. 남학생들은 그윽하고 여학생들의 모습은 청초하기 그지없다.

익산은 문인들의 산실이다. 가람 이병기 선생은 말할 것도 없고 채만식 선생이 주현동과 모현동에 거처를 옮겨가며 힘든 말년을 보냈다. 원광대 국문과는 윤흥길, 박범신, 양귀자, 안도현 등 가히 문학사단이라 할 만했다. 익산문학지도가 필요한 시점이다.

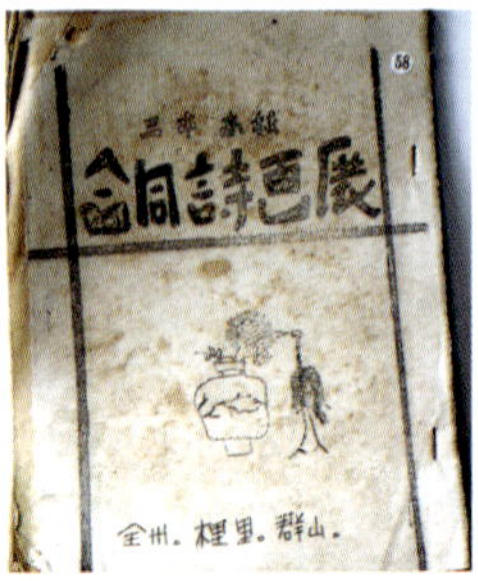

남성고등학교와 원광대학교는 작가 배출의 요람이었다. 남성학원에 부임한 시조시인 장순하 등의 교사 문인들이 익산 문학의 터전을 닦았다. 시에서 이광웅과 정양, 소설에서 최창학, 백도기 같은 문인을 필두로 박범신은 최고의 필력으로 대중성과 문학성 두 마리의 토끼를 잡았다.

이리동중을 졸업한 윤흥길(尹興吉)의 소설 『에미』는 익산 삼기를 배경으로 한다. 『에미』가 한국 근대사의 고난을 겪어낸 한 여인의 이야기라면 『소라단 가는 길』은 익산 시내를 배경으로 한국 전쟁 직후의 내용을 담은 소설이다. 『소라단 가는 길』로 윤흥길은 대산문학상을 수상했다.

남성고를 졸업한 소설가 박범신(朴範信)은 익산역 광장과 주변부를 중심으로 한 성장소설 『더러운 책상』을 써냈다. 당시 익산역은 한국전쟁의 상흔이 남아 있는 공간이었다. 전쟁 피난민들과 유곽이 모여있던 창인동과 이리역 주변의 이야기를 담았다.

익산고도리석불입상(안도현)

내 애인은 바위 속에 누워 있었지
두 손 가슴에 모으고 눈을 감고 있었지
누군가 정(釘)으로 바위의 문을 두드리는 소리 들렸지
내 애인은 문을 밀고 바깥으로 걸어 나왔지
바위 속은 환했지만 바깥은 어두웠지
내 애인은 옛날부터 나를 알아보지 못했지

춘포 만경강 둑에 세워진 윤흥길 소설가 문학비

문학사제지간인 남성고 출신 정양 시인과 원광고 출신 백가흠 소설가

성장의 그늘

익산의 야학

1970년대 경제성장을 위한 '이리수출자유지역' 지정은 청춘들을 익산으로 불러들인다. 사회는 물론 부모로부터 소외되어 오빠나 남동생들에게 교육기회에 밀린 여성들이 많았다. 여성 청소년들은 주로 섬유공장에 다녔고 남성 청소년들은 귀금속단지에 다녔다.

중학교에 진학을 하지 못한 청소년 중 특히 많은 여학생들은 그저 학생복에 가방을 들고 다닌다는 설레임으로 삼동야학, 무궁화야학, 새마을청년학교에 입교한다. 힘든 공장생활을 마치고 나면 저녁도 먹지 못하고 부리나케 조그마한 학교로 뛰어갔다. 학생들이 교사보다 나이가 많은 경우도 많았다. 각급 야학의 선생님들은 대체로 대학생들이었다. 군대 가기 전 2, 3년 동안 그들은 무보수로 일했다.

이리새마을청소년학교는 처음에는 이리국민학교의 별관 한 동에 교실 두 칸을 빌려서 '재건학교'라는 이름으로 문을 열었다. 후일 구시장 3층에 있는 번듯한 교사로 이사한 이 학교는 검정고시가 목표가 아닌 전인교육을 목표로 하였기에 일 년에 두 번은 수학여행을 갔다. 가까운 정읍 내장사나 화엄사에도 갔다. 2005년경 자발적으로 문을 닫았다.

1973. 이리수출자유지역 기공식에서 축사하는 김종필 총리

1975. 이리수출자유지역의 노동자들

삼동야학(三同夜學)

1950년대 중반에 익산보화원 부설 원광고등공민학교로 개설되었다. 1990년 2월 원광종합사회복지관이 개관되면서 복지관 부설 삼동야학으로 지속 운영되고 있다. 교사들은 원광대학교 재학생들로 구성된 자원봉사 팀이 참여해 오고 있으며 동문들로 구성된 '형설장학회'에서 장학금을 지급하고 있다.

무궁화야학교

1974년 불우한 청소년들에게 배움의 길을 열어 주고자 설립하였다. 대학생 자원봉사자들의 참여로 오래도록 25년 이상 야학을 운영하였다. 교육과정은 중학과정을 위주로 하되 초등과정과 중노년 여성과정을 겸행하고 있다. 검정고시 합격률이 높아 상급학교 진학에 기여했다. 남중동에 학교가 있었다.

익산의 민족 민주 운동

의병투쟁, 4.4만세운동, 민주화운동

2018. 4.4만세운동 퍼포먼스

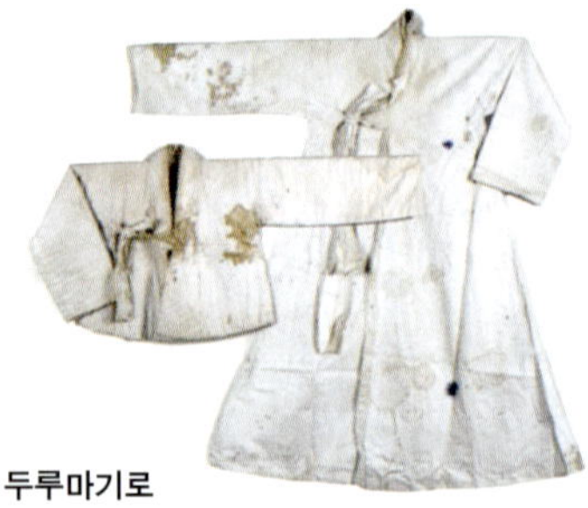

문용기 열사의 두루마기로
천안 독립기념관에 전시되어 있다.

이리 (구)시장 4.4만세운동

1919년 4월 4일 이리시장에서 독립만세운동이 있었다. 서울 탑골 공원에서 시작된 3월1일 독립만세운동은 솜리에도 영향을 미쳐 솜리 장날 4월4일(음3.3일) 이리시장에서 대규모로 만세운동이 일어났다.

익산 오산면 '남전교회'가 주동이 되어 천도교와 기독교가 연합, 주변 교회들의 교인과 교회 부속 학교 학생들이 참여한 거대한 비무장 저항운동이었다. 오산 남전교회 출신 김병수가 서울 3.1운동 직후 이갑성 옹의 연결고리로 군산 영명학교 박연세 선생을 만나 구암교회 중심의 3.5만세 운동을 일으킨다. 그 후 오산 남전교회의 문용기를 만나 4.4운동이 진행되었다. 문용기와 도남학교 학생 박영문, 장경춘, 박도현, 서정만, 이충규 등이 4.4만세시위 중 순국했다. 사후에 이 운동을 기리는 4.4만세운동 기념 공원이 주현동 천주교 옆(화교학교,옛 대교농장 터)에 세워졌다.

문용기열사의 순국기념비의 글씨는 이승만대통령이 썼다.

의병장 이규홍 선생

전북대학교 익산캠퍼스 안에 있는 이리농림학생 이상운 열사 기념비

1987. 유월항쟁의 익산 대학생들

의병투쟁

3.1운동 이전에 익산에는 의병들이 있었다. 을사늑약 이후 1906년 의병장 이규홍을 비롯하여 박이환, 문형모 등 면암 최익현의 의병 '면암의진'에 참여한다. 가산을 팔아 군자금을 마련한 의병장 이규홍의 부대는 7개 지대 총 257명으로 의병활동을 시작했다. 1907년, 가금재전투에서 왜병 29명을 사살하고 운장산 2차 전투에서 왜병과 다시 맞붙는다. 익산의 명문가 출신이었던 이규홍, 박이환 등은 모두 일신의 안위를 버리고 조국독립과 민족자주를 위해 나섰다.

교과서와 참고서

당시는 교과서도 돈을 주고 구입해야 했다. 그래서 졸업식 노래에는 '물려받은 책으로 공부를 하고'하는 대목이 있었다. 신학기가 되어 책을 지급받으면 달력 뒷종이에다 책을 곱게 싸기도 했다. 그러나 도시락 김칫국물이 새어들면 처음에는 빨갛다가 노란색으로 변질되기도 했다.

이리시내의 학생들 중 그중 나은 집 학생들은 동아전과나 표준전과로 숙제를 했다. 방과후에는 수련장을 풀기도 했다. 시골학생들은 이런 책이 있는 줄도 모르는 학생들도 많았다.

당시 시내에는 만화방도 많았다. 일부 부잣집 아이들은 〈새소년〉이나 〈소년중앙〉 같은 잡지나 소년한국일보나 소년조선일보 같은 어린이 신문을 구독하기도 했다. 당시 '유리의 성' 같은 만화는 여학생들에게 매우 인기가 있었다.

요즘 아이들은 스마트폰이나 인터넷의 유튜브나 게임에 관심이 많다. 혹은 가수와 배우 혹은 스포츠 선수를 꿈꾸면서 예능 프로그램을 줄줄 외우기도 한다. 하지만 그때는 책도 부족했지만 그래도 책을 읽는 풍토는 매우 존중받았다.

추석이 가까워졌습니다.
벼가 익었습니다.
밤도 익었습니다.
감이 익어 갑니다.
즐거운 추석이 옵니다.

어머니가 새 옷을 만드십니다.
우리들의 옷입니다.
추석에 입을 옷입니다.
아버지는 새 신을 사 오셨습니다.
우리들의 신입니다.
추석이 되었습니다.
새 옷을 입었습니다.
아침에 차례를 지냈습니다.

〈추석〉
초등국어 1-2, 문교부
제3차 교육과정
(1973~1981)

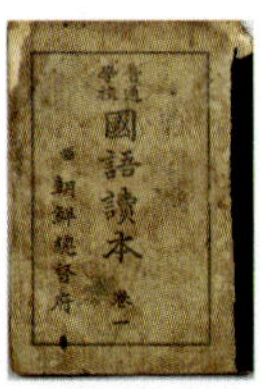

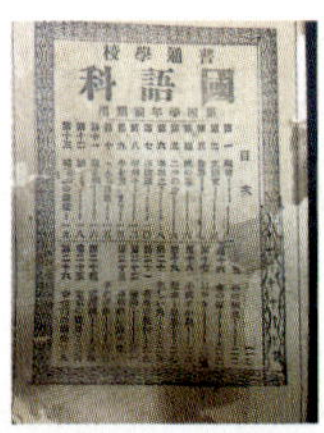

익산의 극장과 서점
공부와 쉼터

서점

중앙시장 사거리에 가까운 문성당서점은 문학서적과 중앙대학교 분교생들을 위한 대학서적을 판매했다.
익산에서 대한서림은 학창시절 만남의 장소이기도 했다. 중앙동 번화가에 작은 서점으로 시작해서 기업을 이루었는데 현재 영등동에 분점이 있다. 참고서 위주의 책을 팔았는데 동아전과부터 필승수련장, 완전정복 시리즈와 수학의 정석 등이 서점을 이용하지 않은 학생이 없다. 책을 산다고 해 놓고 서점 옆 황금당제과점이나 이리극장으로 향하던 청춘들도 많았으리라.

1958. 문성당서점

1958. 현대모자점

극장

현재 익산에 영화관으로 CGV와 롯데시네마가 있다. 모두 멀티플렉스다. 90년대 이전 이리에 세 군데 극장이 있었다. 이리극장은 '이리좌'란 이름으로 1920년 이전에 일본인이 세운 극장이었다. 많은 발표회와 악극단 그리고 연설회 등이 열렸다.
후일 삼남극장이 생겼다. 이주일이 하춘화를 업고 나왔다는 이리역폭발사고의 그 극장이다. 당시 마음 약한 중고생들에게 극장은 학주들의 눈총을 받는 공간이었지만 선수들은 사복을 입고 편하게 극장을 다녔다.
시내 한가운데 지금의 우리은행 자리에 시공관이 있었다. 시의 공보행사나 강연 등이 이루어졌고 영화상영도 했다.

1958. 이리극장

1977. 이리삼남극장

익산의 교육행정기관

익산교육청

1958. 이리시교육청

1958. 익산교육구청

전라북도 익산교육지원청

전라북도 교육연수원

금마면 용순리 210

전라북도 교육청의 산하기관으로 전북지방의 교원의 연수와 재교육기관으로 전라북도 교원연수원을 2000년 8월 7일 전라북도 교육연수원으로 개칭하였다. 자격연수 과정으로 초 중등 교감 자격연수, 유치원 초 중등교사 1·2급 정교사 자격연수, 양호교사 1급 자격연수를 비롯해 전북의 모든 교사들은 이곳에서 연수를 받는다. 경치가 아름답고 식당 밥이 아주 맛이 좋기로 정평이 나 있다. 바로 옆에 과학고등학교가 함께 한다.

공공도서관·마한교육문화회관

남창초등학교 뒤 남성고등학교 앞에 자리했다. 앞으로는 이리여중고, 뒤로는 이리고등학교가 가까이 있었다. 당시 학생들은 지금의 고시원 같은 독서실을 다니기도 했지만 시내 가까이 사는 학생들은 이 공공도서관에 다녔다. 중간고사 기말고사 때는 자리가 없었다.

당시는 남녀공학이 아니었기 때문에 남녀학생들이 얼굴을 익히는 장소로도 사용되었다. 후일 이 건물은 '경전사'라는 개인 회사가 인수하였다.

공공도서관은 마한교육문화회관으로 발전 확대되어 마동으로 이사 가서 공연장과 수영장을 갖춘 학생들의 쉼터로 자리했다. 마한교육문화회관에서는 도서관 기능을 넘어 황식영 소설가, 박준 시인 등을 초청하여 강연을 하는 등 시민과 함께 하는 문화공간으로 자리잡고 있다.

익산시 읍면 문화 교육

서탑이 복원된 미륵사지

익산시 읍면 인문사회 문화 및 교육

현재 익산시는 1995년 대한민국의 행정구역 개편에 따라 이리시와 익산군의 통합을 통해 도농복합도시로 거듭났다. 이후 통합 익산시의 모든 개발 주도권은 익산 시내 중심으로 이동했다. 물론 그 전에도 이리시와 익산군의 격차는 있었지만, 통합 이후 행정·문화·교육 등의 모든 중심이 익산 시내로 이전'당한' 것은 부인할 수 없는 현실이다.

이러한 상황 속에서 옛 익산군의 흔적은 희미해져 가고 있다. 현재 익산시 읍면은 인구의 부족 때문에 많은 학교가 폐교를 했거나 폐교의 위기에 처해 있다. 지역의 노령화, 인구부족으로 인한 폐교는 극복할 수 없는 현실이기 때문이다. 모든 인문사회 문화가 서울 중심이라는 것을 비판하기 전에 지역 속에 지역으로 소외당하고 있는 읍면 단위에 대한 인문사회 문화의 정체성 확보가 시급하다. 이 교육 개괄을 통해 익산시의 읍면에 대한 인문사회 문화와 해당 읍면의 교육에 대한 짧은 기록을 담고자 한다. 이 기록은 익산시 해당 읍면의 교육 방향에 대해 고민하는 기회가 될 것이다. 지역학이 진정한 학(學)이 되기 위해서는 소박하나마 지역에 대한 이해와 고찰이 필요하다. 특히 최근 많은 지역학 연구가 타지역과의 배타성을 바탕으로 폐쇄성으로 빠져들고 있다. 그러나 익산시 인문사회 문화에 대한 개괄을 바탕으로 서로 이해하고 협력한다면 이러한 폐쇄성은 극복될 수 있을 것이다. 이럴 때 진정한 지역학의 롤모델을 만들 수 있을 것이다.

익산 읍면의 인문사회 문화 개괄과 짧지만 교육 관련 콘텐츠를 기록하는데 이 장의 의의를 두고자 한다.

1872. 익산군 지도(규장각)

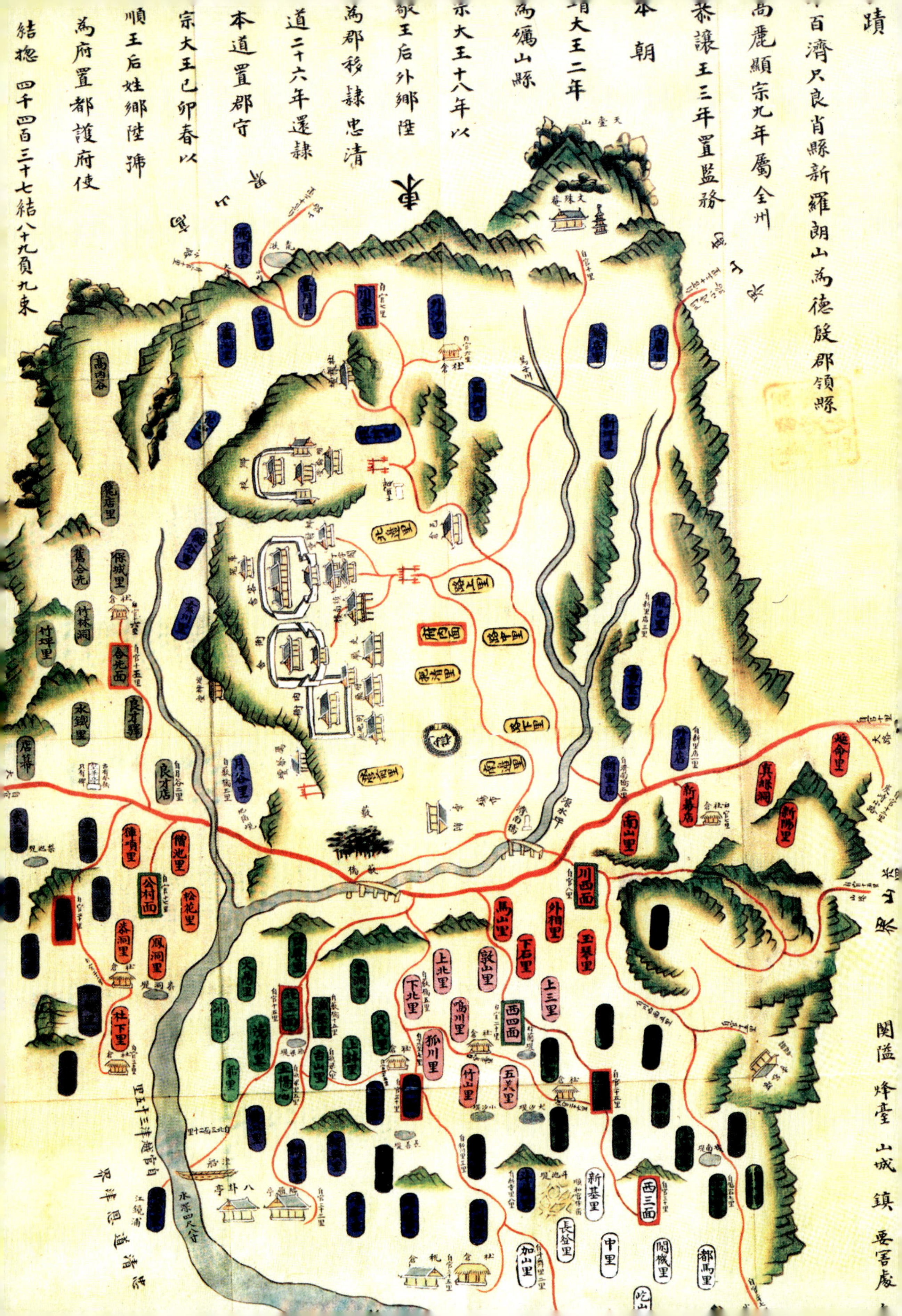

蹟
百濟只良肖縣新羅朗山爲德殷郡領縣
高麗顯宗九年屬全州
恭讓王三年置監務
本朝
大王二年
爲礪山縣
宗大王十八年以
敬王后外鄕陞
爲郡移隷忠淸
道二十六年還隷
本道置郡守
宗大王己卯春以
順王后姓鄕陞彿
爲府置都護府使
結摠 四千四百三十七結八十九負九束
關阨 烽臺 山城 鎭 要害處

금마면/왕궁면

금마면/왕궁면 인문사회 문화

익산의 동쪽에 위치한 금마면과 왕궁면은 근대 이전까지 고대 익산의 중심 지역이었다. 금마면은 백제 무왕의 고향이며, 황궁면의 경우 무왕이 백제 경영을 위한 왕궁터가 자리잡고 있는 지역이다.
금마면과 왕궁면의 마을 지명을 살펴보면 이 곳의 역사성을 알 수 있다. 우선 금마의 경우 옥동마을, 창평마을 등에서 금마가 익산의 행정 중심이라는 것을 유추할 수 있다. 금마면 옥동마을의 경우 옥(獄)이 있던 자리, 창평마을은 관청 창고가 있던 자리였기 때문에 이와 같은 이름이 붙여졌다.
왕궁면의 경우 궁평마을과 신정마을의 이름에서 이곳이 옛 왕궁터였음을 증명한다. 이렇게 익산의 중심지였던 금마면과 왕궁면의 영광은 1912년 철도가 부설됨에 따라 현재 익산시내로 빼앗긴다.
금마면의 경우 단순히 역사적으로만 가치있는 지역이 아니다. 금마면은 고대 농경문화가 꽃피운 지역이다. 예컨대 익산 기세배놀이는 삼한시대부터 내려온 농경의례와 제천의식에서 전래된 것으로 판단되는데, 풍작기원, 마을 간의 유대감 향상 등 농경문화의 최고 정점이라고 할 수 있다.
금마면과 왕궁면은 익산 백제역사지구로서 공주시, 부여군과 함께 2015년 유네스코 세계문화유산에 등재되었다. 이에 후속 조치가 시행됨에 따라 금마면과 왕궁면은 다시 한번 익산의 중심이 되기 위한 노력을 하고 있다.

동아일보 1923.04.28 기사
전북 익산군 왕궁면에는 우금(于今) 교육기관이 무(無)하였든 바. 작년9월 중에 동면 유지의 발기로 왕궁학교 설립 기성회를 조직하고 회장 송병태씨 외 간부 제씨의 진력한 결과 면내 주민의 호별 부담과 유지의 의연이 40,000여 만에 달하엿슴으로 동면 광암리에 임시교사를 정하고 금월 20일에 성대한 개교식을 거행하였는대 입학생이 150여 명에 달하고 100원 이상 의연 제씨는 여좌하더라. 송병우, 송택규, 이봉승 각 3,000원. 송병창, 김옥배 각 2,000원. 송병태 500원. 송형식 400원 이걸, 송환식 각 200원. 송병소 100원 (전주)

금마면/왕궁면의 교육

1958. 익산중학교(상), 1973. 익산중 왕궁탑 소풍(하)

금마면과 왕궁면은 익산 동쪽에 위치한다. 왕궁탑 주위 오른쪽 작은 내를 부상(扶桑)천이라 하는데 이는 해가 뜨는 전설의 뽕나무가 자리한다는 당시의 세계관에서 나온 지명으로 대한민국에서 유일하다. 금마·왕궁의 서쪽은 삼기면 그리고 남쪽은 팔봉동·삼성동, 북쪽은 낭산면 접하는데 옛날에는 이곳이 익산의 중심이었다.

북동부에 미륵산(彌勒山:430m)과 미륵사지가 있다. 통일신라시대에는 금마군이라 하다가 고려시대에는 익주(益州), 조선시대에는 익산군에 속했다가 1914년 군·면 통폐합 때 금마면이 되었다. 금마면 동고도리(東古都里)는 전주 논산간 1번 국도가 지나간다.

익산의 중심지답게 익산향교가 자리한다. 금마초등학교는 익산에서 가장 오래된 공립학교에 속하고 익산고등학교는 최근 명문으로 급부상하고 있다. 미륵산자락에 자리한 전북교육연수원과 전북과학고등학교는 이 지역의 교육적 자부심이 드러나는 공간이다.

1970년대 금마국민학교 운동회(상), 왕궁남초등학교 졸업식(중), 왕궁중학교(하)

함라면/함열읍

함라면/함열읍 인문사회 문화

함라면과 함열읍은 고대와 근대가 관통하는 지역이다. 지금의 함라면은 조선시대 때 함열현의 관아가 있던 인문사회 문화의 중심 지역이었다. 조선 이전에는 마한의 김해국이 자리를 잡았는데, 지척의 금강과 함라산은 군사적·정치적 요충지로서 최적의 장소였음을 가늠케 한다.

함라면을 이해할 때 빼놓을 수 없는 인물들이 조해영, 김안균, 이배원 세 명이다. 이들을 흔히 '함라 삼부자'라고 부르는데, 구한말 99칸 기와집을 지을 정도로 그 위세가 대단했다. 함라 삼부자는 인심이 넉넉해서 남에게 베푸는데 인색하지 않고, 가난한 사람을 위해 돈을 썼다고 전해진다. 특히 삼부자 중 조해영의 경우 가무에 관심이 많아서 임방울 등 당시 많은 소리꾼들을 집에 상주시키며 그들의 활동을 지원했다고 전해지고 있다. 이들의 넉넉함은 호남가에서 '풍속은 화순이요, 인심은 함열'이라는 대목에서 알 수 있으며, 한국전쟁에도 가옥에 아무런 피해가 없었다는 점에서 엿볼 수 있다.

함열읍의 경우 지역의 흥망성쇠(興亡盛衰)가 철도와 밀접한 관련이 있다는 점에서 주목할 만하다. 함열읍은 호남선 철도가 개통되고 함열역이 세워지면서 함라면에서 분리되었다. 그리고 1977년 이리역 폭발사고로 이후 이리 시내에 있던 익산군청의 유치에 성공하며 익산군의 발전의 중추적 지역으로 발돋움했다.

익산군과 이리시의 1994년 1차 통합 추진이 무산된 이후 익산군은 다섯 개의 통합조건을 내걸었는데 그중 하나가 '함열에 전문대학을 유치시키고 통합시의 거점지역으로 육성하여 장차 기존 이리권의 기능을 분담하도록 하는 것'이었다. 이러한 당시 익산군의 조건은 1999년 5월 원광보건대 함열 제2캠퍼스가 개교하며 일부 달성하였지만, 통합시의 거점지역으로까지는 나아가지 못했다.

그러나 함열읍은 청송 심씨가 공을 들여 터를 잡았다는 전국 최고의 명당 중 하나인 남당산, 두 장수가 서로 돌을 던지며 싸움을 했다는 전설이 있는 독산과 흑산, 간지평들을 가로질러 흐르는 함열천 등 인문 사회적 위상은 익산의 그 어떤 지역보다 더 높다고 할 수 있다.

함라면 조해영가옥의 아름다운 꽃담

함라면 교육

1942. 함라심상소학교 졸업사진

함라면의 대표적 근대 이전 교육기관은 함열향교를 꼽을 수 있다. 함열향교는 그 위세가 대단하여 민간정부의 역할을 수행하며 유교적 법도에 어긋나는 사람들을 잡아다 다스렸다고 한다. 이러한 함열 유림들의 위세는 대단하여 조선후기까지 이 지역에 부임한 원님이 향교로 찾아와 인사를 했다고 한다. 이러한 함열향교의 위상은 현재 함열향교의 영소전(靈昭殿)에서도 찾아볼 수 있는데, 이 공간은 공자의 영정을 봉안한 건물이다. 인조 4년 명나라에 사신을 다녀온 남궁경이 명나라 사신을 갔다가 귀국하면서 영정을 구득했는데, 이후 함열 유림들이 직접 숙종에게 상소하여 건물을 지었다고 한다.

근대 이후 함라면의 초등교육기관은 1908년 사립 창명학교로 개교한 함라초등학교가 있다. 함라면의 중등교육기관의 경우 함라중학교(1952년 개교)가 있다.

함열읍 교육

원광보건대 제2캠퍼스. 함열은 한때 익산군청 소재지로서 익산 발전을 주도하던 지역이었다.(상)
함열향교(하)

함열읍의 경우 초등교육기관은 함열초등학교(1924년 개교), 다송초등학교(1950년 개교)가 있으며, 중등교육기관은 함열중학교(1947년 개교), 함열여자중학교(1960년 개교), 함열고등학교(1951년)가 있다. 또한 원광보건대 제2캠퍼스(옛 익산군청 건물)가 있다.

함라면에 전통적 교육기관인 향교가 있다면 함열읍의 경우 익산시 읍·면 단위의 지역에서 유일하게 초등학교부터 대학교까지 초·중·고등교육기관이 소재하고 있는 지역이다. 이는 함라면과 함열읍이 익산의 고대부터 현대까지 아우르는 역사문화지역이라는 뜻과 일맥상통한다. 즉 함라면과 합열읍은 어느 한 시기를 대표하는 지역이 아니라 전통사회부터 현대사회까지 오랜 시간동안 익산시를 대표하는 지역이라는 뜻이다.

여산면

여산면 인문사회 문화

"노성 입술막 지내어 풋개 사다리 지낸 후, 은진읍 얼른 지나 '황화정'을 당도하니 전라도의 초입이라 양재 역마 갈아타고 여산읍을 들어가니,"

판소리 〈춘향가〉에서 이도령이 암행어사를 제수받고 삼남대로(은진-여산-삼례-태인-나주-강진-제주) 전라도 초입인 지금의 여산에 들어서는 대목이다.

여산면은 호남의 관문이다. 황화정은 본디 여산에 있었는데, 행정구역 개편에 따라 지금은 논산시로 편입되었다. 황화정은 과거 조선시대 전라 관찰사가 관인을 주고받으며 임무 교대를 했던 곳이다. 요컨대 호남 내륙 교통의 관문이라는 것이다.

여산면의 이러한 특징은 여산 향교와 여산 천주교 숲정이 순교 성지가 이를 증명한다. 이는 여산이 과거에 큰 규모를 자랑했으며, 이는 호남의 내륙관문이었기에 가능했다는 점을 유추할 수 있다. 내륙 교통의 거점이자 관문인 여산에 새로운 문화가 전파되는 것은 당연한 이치이다.

여산면의 이러한 특징은 여산장에서도 찾을 수 있다. 여산장은 한 때 익산에서도 손꼽을 만큼 굉장히 큰 시장이었다고 한다. 예컨대 논산시 연무읍 주민들이 바로 옆에 강경장이 있음에도 불구하고 교통이 편리하다는 이유로 여산장을 이용했다는 이야기가 아직도 여산의 많은 마을에서 전승되고 있다.

여산면 원수리에 자리한 가람 이병기 생가

여산면의 교육

여산 향교

여산초등학교 전경. 가람 이병기 선생이 한성사범학교를 졸업한 뒤 1913년 교편을 잡은 학교이다.

여산면에는 여산 향교가 자리 잡아 근대이전 지역의 교육을 담당했다. 이후 초등교육기관인 여산초등학교(1912년 개교)와 여산남초등학교(현재는 폐교), 여산서초등학교(현재는 폐교)가 세워졌다. 중등교육기관은 여산중학교(1952년 개교), 여산고등학교(1972년 개교)가 있다. 또한 육군부사관학교가 여산면에 자리 잡고 있다.

여산초등학교는 시조시인이자 국문학자인 가람 이병기 선생이 한성사범학교 졸업 이후 교편을 잡은 곳으로 유명하다. 이러한 인연을 바탕으로 가람 이병기 선생은 여산초등학교 교가를 직접 작사해 주었다.

웅포면/성당면

웅포면/성당면 인문사회 문화

백제는 동아시아에서 왜나라에게 문화를 전파하는 국가를 자처했다. 이러한 국제적 문화교류가 가능했던 것은 내륙 수로인 금강이 있었기 때문이다. 웅포면 입점리 고분에서 출토된 유물 중 금동제 관모는 일본에서 나온 것과 비슷한데, 이는 금강을 통한 백제와 일본의 교류를 증명한다.

웅포면과 성당면의 이러한 인문사회적 특징은 이들 지역의 역사 문화와 밀접하게 관련되어 있다. 우선 웅포면의 경우 조창과 용왕제에 대한 기록이 아직도 남아 있는데, 조창은 세곡을 운반하기 위한 창고였다. 그리고 용왕제의 경우 조운선의 안전운항, 풍어를 비는 역사 문화 행사이다.

웅포면과 성당면은 용왕제와 성당 별신제에서 알 수 있듯이 수로 교통·문화와 밀접한 연관을 맺고 있는 지역이다. 특히 성당면의 성당창은 조선 9개 조창 중 규모가 가장 큰 조창으로 기록되어 있다. 이는 웅포면과 성당면이 호남의 수로관문이자 수로 문화가 발전했기 때문으로 판단된다.

입점리 금동관모와 금동신발

웅포면/성당면의 교육

두동교회는 'ㄱ'자형 예배당으로 유명하다. 위 사진은 1940년 교회 학교 학생과 교인 사진이다.

웅포면의 초등교육기관은 웅포초등학교와 지금은 폐교된 웅북초등학교가 있다. 우선 웅포초등학교는 1908년 사립진명학교로 개교하여, 1911년 사립웅포보통학교로 개칭하였다. 이후 1941년 웅포공립국민학교로 개명되어 현재에 이른다. 웅북초등학교의 경우 1933년 개교한 이래 2004년 폐교하였다. 중등교육기관은 웅포중학교(1978년 개교)가 있다.
성당면의 초등교육기관은 성당초등학교(1937년 개교)와 지금은 폐교된 중등교육기관은 성당중학교(1971년 개교)가 있다.

삼기면/낭산면

삼기면/낭산면 인문사회 문화

삼기면은 본디 마한 땅이다. 백제 시조 온조왕이 합병하여 금마저(金馬渚)라 하였다가 신라 경덕왕 때 금마군(金馬郡)으로 고쳤다. 이렇게 오래된 역사와 전통을 갖고 있는 삼기면이지만 일제시대 이전까지 천수답이 많았던 까닭에 농민의 삶은 그리 넉넉하지 못했다.

전라북도 무형문화재 1호인 〈삼기지게목발노래〉는 삼기면의 고단한 삶을 표현하기도 했지만 삼기면 농민들의 생명력을 보여주는 민요이기도 하다. 삼기면에는 임진왜란 때 왜군의 행진을 안개로 막아내고, 나라가 어지러울 때 땀을 흘린다는 석불사의 석조여래좌상이 있다.

낭산면은 백제의 알야산현(閼也山縣)으로 불린 지역이다. 이후 신라 경덕왕 때 '야산(野山)'으로 이름을 바꾸고 한때 금마에 영속되었다가 고려 때에 이름을 낭산으로 바꿨다.

낭산의 심곡사는 매년 가을 심곡사 떡목 음악회를 개최한다. 심곡사는 정정렬 국창이 득음한 곳으로 알려졌는데, 이를 기념하기 위해 매년 가을 음악회를 개최하고 있다. 또한 아직도 거리제를 지내고 있는 지역이 낭산이다. 우리 조상들은 오래전부터 길한 것은 들어오고 흉한 것은 들어오지 말라는 의미에서 거리제를 지냈다. 산신제나 당제 등이 엄숙한 남성 중심의 발복 행사라면 거리제는 마을의 축제와 같은 분위기에서 남녀노소 중심의 발복 행사라고 할 수 있다.

삼기면과 낭산면은 마한백제의 문화권이자 금마면의 배후지역쯤으로 생각할 수 있다. 그러나 이 지역은 삼기지게목발노래, 거리제 등 오랜 시간동안 공동체 문화를 발전 계승한 지역이다. 또한 금마저, 알야산현이 말해주듯이 금마의 배후지역이 아닌 오래된 역사와 문화 전통을 가지고 있는 지역이다.

석불사 부처님

어떤 사람 팔자 좋아 호위호식 잘사는디
콩꺾자 콩꺾자 두렁넘어 콩꺾자
이내 일신 어이하여 지게목발을 못 면하나
콩꺾자 콩꺾자 두렁넘어 콩꺾자

삼기면/낭산면 교육

1958. 삼기초, 낭산초, 낭산초 현재

삼기면의 초등교육기관은 1922년 개교한 삼기초등학교(개교당시 사립삼광보통학교), 석불초등학교(1964년 개교)가 있다. 중등교육기관은 삼기중학교(1971년 개교)가 있다.

낭산면의 초등교육기관은 낭산초등학교(1927년 개교), 용성초등학교(1960년 개교)가 있다.

용안면/용동면/망성면

용안면/용동면/망성면 인문사회 문화

용안면은 과거 용동면과 분리되기 전에는 익산에서 가장 큰 면이었다. 『동국여지승람』에는 "비옥한 들이 바다와 잇닿았다"라고 기록될 만큼 넓은 평야지대가 펼쳐져 있는 곳이다.

용동면은 1986년 용안면 일부가 용동면으로 분리되며 만들어진 지역이다. 그러나 분리 전 용안면과 같은 문화적 동질감을 갖고 있다. 이러한 동질감은 마을 지명에서도 쉽게 찾아볼 수 있다. 예컨대 용동면의 고창마을은 금강변에 위치한 관창(官倉)이 있던 곳이라는 뜻인데 이 관창을 지휘하는 관청(官廳)이 현재 용안면에 위치하고 있다.

망성면은 금강과 논산시 강경읍과 접해있다. 후삼국의 격전지 논산벌을 지척에 두고 있는 망성면에는 아직도 그때를 기억하는 지명이나 유래가 많이 남아 있다. 예컨대 미동은 당시 군량미를 보관하던 곳이고, 화정은 불을 피운 곳 그리고 갑골옷 등의 지명이 남아 있다. 또한 망성면은 익산-강경-논산을 연결하는 중요한 교통의 요충지였다. 그렇기 때문에 망성면은 주민들 대다수가 익산시와 문화적 동질감을 느끼기보다 논산시 강경읍에 더 문화적 동질감을 느낀다는 것은 주목할 만한 사실이다.

용안면, 용동면이 전통적 충효사상의 고장이라면, 망성면은 개화기 서구 문화의 유입을 보여주는 지역이다. 용안면, 용동면의 경우 삼세오충렬사와 용안향교가 이를 증명한다. 삼세오충렬사는 정유재란부터 병자호란까지 목숨을 바쳐 나라를 구하고자 노력한 해주오씨 오충신을 모신 사당이다. 또한 용안향교는 고려후기에 창건된 교육시설로서 용안의 역사성을 상징한다. 이에 비해 서양종교문화의 침투라 할 수 있는 익산 나바위성당은 망성면의 근대성을 말해준다.

용안면, 용동면, 망성면은 익산에서 금강변에 위치한 지역 중 전통과 역사 그리고 근대 문화가 함께 자리 잡고 있는 지역이다.

나바위 성당의 아름다운 모습

용안면/용동면/망성면의 교육

용안향교와 성북초등학교의 모습

용안면은 용안향교가 1391년 고려 공양왕 시기에 창건되어 갑오경장까지 지역의 유학교육을 담당하였다. 이후 용안면의 초등교육기관은 1912년 개교한 용안초등학교, 용북초등학교(1964년 개교)가 있다. 중등교육기관은 1954년 개교한 용안중학교가 있다.

용동면은 흥왕초등학교(1937년 개교)가 있다.

망성면의 경우 익산 최북단에 위치하고 있는 성북초등학교(1950년 개교), 망성초등학교(1929년 개교), 지금은 폐교된 성남초등학교가 있었다. 성북초등학교의 경우 논산시 강경읍의 강경중학교와 직선거리로 100여 미터밖에 떨어져 있지 않다.

황등면

황등면 인문사회 문화

황등면은 한때 전라북도 읍면 행정구역 중 인구가 제일 많은 지역이었다. 지금은 전북혁신도시가 생긴 이후 완주군 이서면에 많은 인구가 몰리면서 1등의 자리를 빼앗기긴 했지만, 아직도 황등면에는 많은 주민들이 거주하고 있다.

대한민국 3대 화강석을 꼽자면 포천의 포천석, 거창의 거창석 그리고 익산의 황등석이다. 이 중 단연 으뜸은 황등석이다. 전문가들은 황등석의 입자가 고르고 철분이 적어 오랫동안 부식 걱정이 없다고 손꼽아 이야기한다. 그 품질과 유명세 덕분에 국회의사당, 독립기념관, 청와대 영빈관 그리고 천년이 넘은 세월을 버텨 낸 미륵사지석탑에 이 황등석이 사용되었다. 나훈아의 〈고향역〉 배경으로 알려진 황등역에서 황등석과 황등고구마는 화차에 실려 전국으로 퍼졌다. 황등면에는 지금도 100여 개가 넘는 석산 관련 업체들이 자리를 잡고 있다.

황등면에는 또 하나의 인문사회 역사가 있다. 바로 황등호다. 황등호는 황등제·요교호 등으로 불리는데, 축조연대는 미상이나 김제의 벽골제, 고부의 눌제와 더불어 국중삼호(國中三湖)라고 불렸다. 황등제에 대한 역사적 기록은 『목민심서』와 『대동여지도』에서도 찾을 수 있다. 또한 1770년에 당시 문물제도를 분류한 『동국문헌비고』에는 황등호에 대해 "길이는 구백 보이며, 둘레는 20리(長九百步 周二十里)"라고 설명하고 있다. 그리고 호남의 기점을 벽골제로 할 경우 익산과 전주의 문제 때문에 황등제가 호남의 기점이라는 주장도 최근 학계에서 대두되고 있다.

황등면의 황등석 개발은 일제강점기 이전부터 진행되었다. 무거운 돌을 캐고 옮기는 일꾼들을 위해 황등면은 값싸고 맛있는 음식문화를 꽃피웠다. 예컨대 싼 값에 고기를 먹고, 휴식을 위해 식사시간을 단축하기 위해 황등면에는 전국에서 찾아보기 어려운 식당에서 비빔밥을 비벼주는 음식문화가 탄생했다.

1930년대 황등석을 캐내는 모습

황등면의 교육

황등초등학교 돌집 도서관(상), 진경여자중학교(하)

황등면의 초등교육기관은 황등초등학교(1927년 개교), 용산초등학교(1949년 개교), 황등남초등학교(1970년 개교)가 있다. 중등교육기관은 황등중학교(1960년 개교), 진경여자중학교(1964년 개교), 성일고등학교(1980년 개교 당시 황등상업고등학교, 1992년 성일고등학교로 교명 변경), 진경여자고등학교(1965년 진경여자중학교로 개교, 1971년 3월 1일 진경여자상업고등학교로 개교, 1976년 고등학교 분리이전, 2001년 진경여자고등학교로 명칭 변경)가 있다.

오산면/춘포면

오산면/춘포면 인문사회 문화

오산면과 춘포면은 각각 익산시 서남부와 동남부에 위치하고 있다. 오산면과 춘포면은 만경강과 맞닿아 있으며 두 지역은 식민지 근대화, 즉 일제의 수탈과 밀접한 연관을 맺고 있다. 그리고 이 지역을 이해하기 위해서는 후지이 간타로의 대간선수로에 대해 알아야 한다.

일제시대, 후지이 간타로는 오사카에서 미곡상으로 성공한 뒤 조선으로 넘어왔다. 그 뒤 그는 관개시설이 열악한 미간지(未墾地)와 저수량지(低水量地)를 매입한다. 이후 대아저수지, 경천저수지를 축설하여 대간선수로를 만들었다. 이 두 저수지에서 흘러내린 물은 고산면 어우보 취수구에서 갈라져 춘포, 익산시내 남부, 오산면을 거쳐 옥구저수지까지 약 80여 km를 흐른다. 이렇게 관개시설을 완성한 뒤 후지이 간타로는 임익수리조합을 설립하여 조선인 토지소유자를 강제로 편입시켰다. 조선인 토지소유자는 수리조합에 가입하지 않을 경우 수원을 강탈당했으며, 가입을 하더라도 높은 수리조합비 때문에 소작인으로 전락했다. 즉 일제는 근대화라는 미명 아래 조직적이고 계획적으로 조선인을 착취했다. 익산은 조선에서 쌀을 가장 많이 생산했지만, 가장 가난한 지역이었다. 이러한 비극의 역사를 품고 있는 지역이 바로 오산면과 춘포면이다.

오산면은 기업형 지주로서 악명 높았던 '불이흥업주식회사'의 기착지였다. 오산면의 불이농장을 기반으로 불이흥업주식회사, 불이광산 등 그 사세를 확장 할 정도였으니, 오산면의 미곡수탈이 얼마나 대단했는지는 짐작하고도 남는다.

춘포면의 경우 아직도 많은 사람들이 대장촌(大場村)이라고 부르고 있다. 이 역시 쌀의 고장을 증명함과 동시에 수탈의 고장임을 알려준다. 춘포에는 아직도 일본인 농장주가 살던 건물이 남아 있다. 그리고 춘포에서 거둔 쌀을 군산으로 이동하기 위해 만든 춘포역도 그 때를 기억한다.

오산면과 춘포면의 수탈의 기억은 현재에도 유효하다. 후지이 간타로로 대표되는 일제 지주는 '물'이라는 무기를 손에 쥐고 살뜰하게 조선인을 쥐어짰다. 이러한 역사가 부끄럽다고 무조건 지워서는 안 된다. 부끄러운 역사도 우리의 역사이다. 오히려 이러한 역사를 기록하고 교육할 필요가 있다.

춘포들판

오산면/춘포면의 교육

1958. 오산남초등학교

1958. 춘포초등학교

오산면의 초등교육기관은 오산초등학교(1922년 개교), 오산남초등학교(1943년 개교), 영만초등학교(1968년 개교)가 있다. 중등교육기관은 백제고등학교(2005년 개교 당시 효성고등학교)가 있다.

춘포면의 초등교육기관은 춘포초등학교(1923년 개교), 천서초등학교(1938년 개교)가 있다. 폐교된 학교는 춘포중학교(1994년 폐교)와 예인음악예술고등학교(2007년 폐교)가 있다.

단결하여
건설하여
물자절약
IRI STATION
동아여객

익산시 고등학교

1975. 이리역 앞의 쑥색 치마를 입은 학생들은
이리여고생들이고 뒤쪽의 남학생들은 남성고생들이다.

이리여자고등학교

전라북도 익산시 익산대로24길 8-5

1958. 이리여자고등학교 전경(상), 현재모습(하)

이리여자고등학교는 1924년 4월 이리공립고등여학교(裡里公立高等女學校)로 설립되었다. 설립 당시 교사는 현 중앙초등학교 부지에 있었다.

호남평야에 1912년 이리역이 세워지고 일본인들이 몰려들었다. 그래서 이 학교는 초기 일본인 여학생 중심으로 운영되었는데, 수업연한은 4년이며 4학급을 편성하였다. 1928년 제1회 졸업생 35명을 배출하였으며, 1933년 남중동 현재의 신축 교사(校舍)로 이전했다.

광복 전까지 학급별 재적수 55명 중에 우리나라 학생은 7~8명에 불과했다. 광복과 함께 재개교하여 초대 교장으로 김성덕이 취임하였으며, 학제 변경에 따라 수업연한이 6년으로 개편되었다. 해방이후 1946년 9월 1일부터 6년제 이리여자중학교로 개칭되었고, 1951년 이리여자고등학교와 이리여자중학교로 분리되었다. 분리된 이리여자중학교는 현재 익산지원중의 모태이다.

1979년 산업체 부설 야간 특별학급 13학급이 편성되었고

이리여고 교표

1951년 이리여중(6년제) 졸업생
이길여(가천대 총장과 어머니)

1951 3월 이리여고 교사들 사진 앞줄 왼쪽 다섯번째 김현자 전 국회의원

1970년대 이리여고

1985년 본관을 신축하였다. 2003년 2월 산업체 부설 학급이 폐지되었고, 2006년 3월 특수학급을 인가 받았다.

이 학교의 특별활동으로는 육상·펜싱·무용이 있으며, 각 분야에서 전국의 각종 대회를 석권하고 있다. '지초예술제'를 개최하고 있으며, 정서순화와 조화로운 인격함양에 힘쓰고 있다.

예전의 많은 여학교의 교복은 검은색이었다. 그러나 현재 교복 전 이리여고의 경우 오랫동안 쑥색의 교복 치마를 입었기 때문에 멀리서도 이 학교 학생임을 알 수 있었다.

길병원 이사장 겸 경원대 총장인 이길여(24회)는 당시 이리여고 출신 중 최초로 서울대학교 의과대학에 합격한다. 이길여는 후일 길병원을 설립한다. 11·12대 국회의원을 지낸 김현자(18회)는 김제 출생으로 이화여대 영문과를 졸업(1949)하고 잠시 이리여고 교사로 재직하기도 했다. 그 후 한국 전문직 여성클럽(BPW) 창립회장, UN 세계 여성 대회 한국 수석대표를 지냈다.

일제시대 때 일본인 여학생만 다닐 수 있던 학교였던 탓에 현재 일본에도 이리여고 동문회가 조직되어 있다. 몇 해 전 1백40여명에 달하는 일본 동문들이 90세가 넘은 은사와 함께 학교를 방문해 후배들에게 장학금을 전달하며, 훈훈한 정을 나누기도 했다.

1970년대 지초동산의 쑥색스커트를 입은 이리여고생들

1954. 이리여고 탁부 우승(사진제공 : 김판용)

(좌측 상단부터 시계방향) 이리여고 본관 건물과 남중동 오층석탑
성실한 여인상 제막식, 이리여고 여인상 현재 모습

1970년대 교내 체육대회 입장식

70년대 반공궐기대회에 참가한 이리여고생들(사진제공 : 김판용)

이리여고 동산에서

1965. 이리여고 강당에서 개최된 피아노 연주회 팜플렛

이리여고 육상부와 펜싱부

한국 육상 마라톤의 '금자탑' 오미자 선수 등을 배출했다. 펜싱의 경우 이리중, 이리여중, 이리여고, 이리상고(現전북제일고)-익산시청으로 이어지는 깊은 역사를 갖고 있다. 익산시청 소속의 김지연 선수가 2012년 런던 올림픽에서 우리나라 여자 펜싱 역사상 처음으로 금메달을 안겨주었다.

이리공업고등학교

전라북도 익산시 동서로14길 30-2

1944. 정읍 칠보발전소 건설에 동원된 이리공고 학생들(사진제공 : 박장호)

이리공업고등학교는 1940년 4월 11일에 개교된 공립 특성화 고등학교다. 첫 학교 위치는 현 전북기계공고 자리였다. 1940년 4월 5년제 이리공립공업학교로 설립되었다. 기계과 · 전기과 · 광산과 각 1학급씩 150명의 학생을 모집하였고, 1941년 4월 본관을 마련했으며, 1944년 제1회 졸업생 120명을 배출했다. 개교 당시 이리농업고도 좋았지만 이리공업고의 졸업 후 대우가 더 좋았다. 예를 들어 당시 사범학교를 나온 교사 초봉이 40원이었다면, 이 학교를 졸업한 기사의 월급은 45원이었다.

이리공고 교복의 깃 왼쪽은 학년 마크이고 오른쪽에는 과명(科名) 배지를 달았다. 명찰은 우측 포켓 위에 달았고 모자는 전투모를 썼다. 소매에는 백선을, 허리에는 밴드를 둘렀다. 다리에는 각반을 찼다. 교복은 흡사 전투복과 같았는데, 학생은 곧 태평양전쟁에 동원되는 전시준비생이었기 때문이다.

1944년, 이리공고 학교 실습실에서 학생들은 선반부 기사로 기관포 탄알을 깎았다. 발전설비와 선반 기계는 어디서나 볼 수 있는 기계가 아니었다. 이리공고 학생들은 섬

세하고 침착한 손놀림으로 기관포 탄알을 깎았다. 여름의 무더위에도 학생들은 일본식 교복 가쿠란을 입고, 각반을 차고 무임금으로 일을 했다.

과거에는 축구, 야구, 정구, 그리고 탁구 등 체육이나 오락이랄 것이 전혀 없었다. 왜냐하면 일제는 학생들에게 체육이나 오락을 '영미귀축(英美鬼畜)'들이나 하는 것이라고 가르쳤다. 그리고 학생들은 오로지 '성전(聖戰)'을 위해 독려되었다. 천황폐하만을 위한, 미쳐도 한참 미친 세상이었다.

이 학교 학생들은 섬진강 물길을 동진강으로 돌리고, 그 물로 발전을 하는 칠보 수력발전소 건설현장에도 동원되었다. 단무지가 든 '벤또' 하나 뿐 그들에게 임금이란 없었다.

1944. 이리공업고 학생

공업고 1회 졸업생 강영신

1958. 이리공업고등학교

1943. 태평양 전쟁시 군복이자 학생복을 입고있는 이리공업고등학교 학생들

1946년 9월 이리공립공업중학교로 교명을 변경함과 동시에 6년제로 개편되었으며, 1951년 이리동중학교와 이리공업고등학교로 분리되었다. 같은 해 10월 전북대학교 공과대학 설립으로 교사(校舍)와 부속건물 일체를 전북공대에 이양하게 되어, 동일 구내에 중학교·고등학교·대학교가 공존한 적이 있었다.

1961년 4월 현재 남중동에 교사(校舍)를 신축하여 이전하였다. 1969년 야간부(2부) 기계과 1학급이 증설되었고, 1973년 다시 야간부가 학년당 5학급으로 확충되었다. 당시 재학생 박승(1936생, 전 한국은행 총재) 등을 비롯한 그 시절 학생들의 단결력은 무척 강했다.

이리시가 수출자유지역으로 지정됨에 따라 이 지역 근로청소년 교육을 위해 1979년 3월 야간부 산업체특별학급(3부) 기계과 1학급을 병설하게 되었는데, 3부제 운영의 어려움에 따라 1985년 2월 2부를 완전히 폐지하였다. 현재 남녀공학으로 교직원만 해도 100명도 넘는 큰 학교다.

이리공고 교사이기 전에 일본제국주의 군인으로 칼을 차고 있는 교련교사

육상과 관악 명문

이리공업고등학교는 제100회 전국체전에서 금메달 4개와 은메달 1개를 따내며 육상 명문고임을 입증했다. 금메달의 주인공은 포환던지기 이성빈을 필두로 해머던지기 홍승연(여), 포환던지기 최하나(여), 창던지기 이세빈(여) 이상 4명이다. 신유진은 여고부 원반던지기에서 아깝게 은메달을 따는데 그쳤다. 포환던지기 청소년 국가대표인 이성빈은 18.52m를 던져 대회신기록을 갈아치우며 금메달을 목에 걸었다.

이 학교는 오래 전 관악부를 만들었다. 이리공고 관악부의 명칭은 '기림 윈드오케스트라'이다. 이 학교의 관악부는 2019년 김해 문화의전당에서 열린 '제44회 대한민국 관악경연대회에서 2년 연속 대상 수상의 영광을 안았다.

1944. 이리공업고등학교 학생들의 즐거운 한 때

94

1944. 이리공고실습현장

1944. 앞줄부터 이리농림교장, 두 번째 이리공업고교장, 세 번째 총독부정무총감, 네 번째 전북도경국장, 다섯 번째 김대우 전북지사

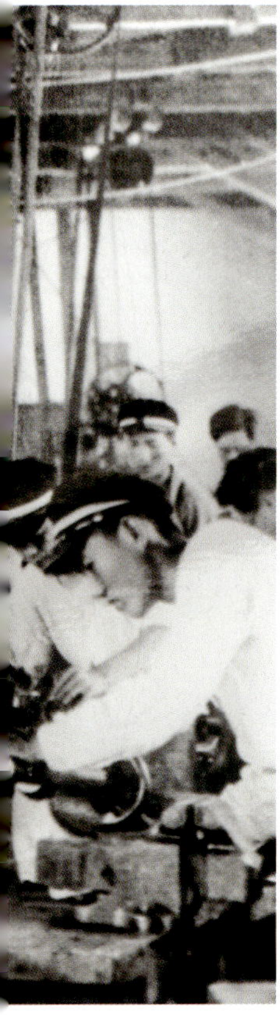

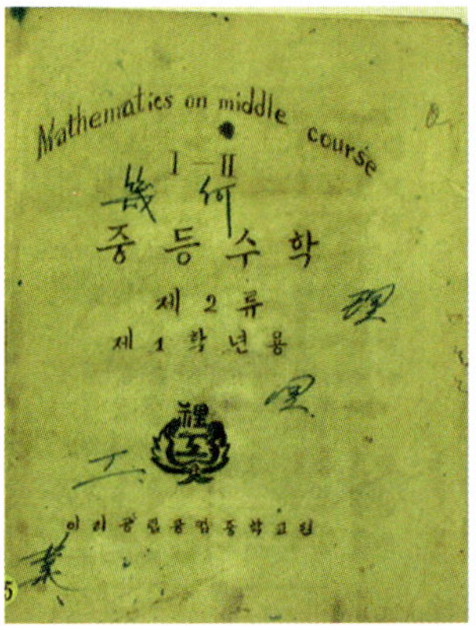

이리공고 중등수학

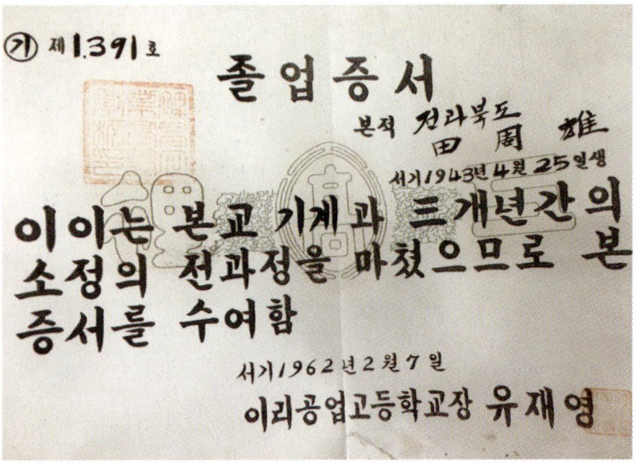
㉮ 제1,391호

졸업증서

본적 전라북도
田周雄
서기1943년4월25일생

이이는 본교 기계과 三개년간의 소정의 전과정을 마쳤으므로 본 증서를 수여함

서기1962년2월7일

이리공업고등학교장 유재영

1962. 이리공고졸업장

1944. 이리공업고 학생들의 실습현장

現 이리공업고등학교 캠퍼스

이리공고 교시탑 기림무궁

남성고등학교

전라북도 익산시 동서로35길 41-4

붉은 벽돌이 인상적인, 독수리가 날개를 편 듯한 남성고 교사

호남의 명문 사학 남성고등학교의 설립은 1945년 일제 식민지로부터 벗어난 민족 해방과 때를 같이 한다. 이리시에서 화성농장을 경영하던 부호 백남신의 아들 백인기의 아내 이윤성 여사의 교육철학을 담아 화성학원(華星學園)을 설립한다. 화성학원이 오늘의 남성중 고(南星中 高)와 남성여중 고(南星女中 高)로 발전의 모태이다.

교명은 해방과 함께 남한에 큰 서광(曙光)이 비쳤다는 뜻에서 "남성(南星)"이라 명명했다. 당시 4년제 남성중학교 신입생 129명을 선발을 선발하는데, 10:1이라는 치열한 경쟁률을 기록했다.

1945년 12월 25일 창인동의 옛 호남국토건설국 건물을 빌려 남성중학교(6년제)를 개교하고 초대 교장 윤제술 선생이 취임한다. 윤제술은 동경고등사범을 나온 수재이자 당시 혁신적인 교육자였다. 1947년 12월 남중동의 신축교사(校舍)로 이전하였으며, 1951년 7월에 6년제 제1회 졸업생을 배출했다. 1956년 1월에는 여자부를 병설하였다가 1958년에 이리남성여자고등학교와 이리남성여자중학교로 분리하였다.

1951년 7월 26일 제1회(6년제) 졸업식 때 윤제술 교장은 한국전쟁에 나가 돌아오지 않는 학생들의 이름을 한 명 한 명 큰 소리로 울며 외치고 불렀다고 한다. 한국전쟁 당시 학교 강당(유성당)이 국군과 북한군의 교전장이 되어서 큰 피해를 입었는데, 후일 피난민들의 임시거처가 되기도 했다.

1951년 8월 27일 남성고(3년제)를 분리한다. 에스페란토의 권위자인 백남규 선생이 2대 교장으로 부임한다. 1958년 3월 15일 준공한 남중동의 붉은 벽돌 학교건물은 4층 건물이었다. 참으로 아름다웠으나 1980년 2월 옛날 종축장으로 사용하던 아늑한 소라산 숲속 공간, 영등동 현재의 교사(校舍)로 이전한다.

남성고 학생들은 아침 등교시간에 턱 걸이를 해야만 했다.

1965. 남성고등학교 우표전시회

1990년 1월 학교법인 남성학원으로 개명했다. V리그의 스타 신진식으로 상징되는 배구부는 30여 년 간 전국 고등학교 배구부의 강팀에 자리하고 있다. 과거에는 유도도 유명했었다.

1980년대 당시 제2외국어로 프랑스어를 배우는 학교였다. 교복의 명찰 역시 한문으로 되어 있었다.

이리역 폭발사고 이후 남성여중과 남성여고가 잠시 구 교사(校舍)를 사용하다가 두 학교 모두 1985년에 완전히 소라산의 통합캠퍼스로 이전했고, 구 교사(校舍)는 헐려서 해당 위치에 현재 남성맨션아파트가 들어섰다. 구 교사(校舍)에 남성국민학교도 있었으나 폐교되었다. 1989년에 손태희 이사장이 취임했고, 2010년 자율형 사립고 인가를 받았다. 2015년 자율형 사립고 재지정을 받았다.

같은 재단의 남성중학교, 이리남성여자중학교, 이리남성여자고등학교와 캠퍼스를 공유한다. 무려 4개교가 한 부지 안에 있어, 캠퍼스가 상당히 크다. 국제 규격의 배구코트를 갖춘 체육관은 고래 형상을 하고 있다.

남성의 교호야말로 남성고, 아니 남성학원 동문 그 자체를 의미한다. 졸업생들은 교호에 대한 자부심을 갖는다. 체육대회나 소풍, 기타 모든 행사에서 자주 외친다.

파이카치 파이톤 / 카치무치 호치카
파이카치 파이톤 / 카치무치 호치카
홀 카치 파이 카치 남성남성
홀 카치 파이 카치 남성남성

1965. 남성고등학교 미술실 석고 데생 수업 모습

1965. 만경강 다리에서 남성고등학교 학생들

1975. 5월 남성고 조회모습

‘삼남의 으뜸이라 만경벌 여기’로 시작되는 교가는 해방 이후『신편고등문법』,『고급국어문법독본』 등을 저술한 국어문법학자로 알려진 정열모(鄭烈模)가 작사했다.

정열모는 주시경의 조선어문회 조선어강습원을 졸업한 수재였다. 국어문법을 기술하였으며, 국어문법학자 가운데 가장 작은 품사분류인 명사·동사·관형사·부사·감탄사 등 국어의 품사를 5품사로 분류하였다. 안타깝게도 해방 후 월북하였는데, 북한에서도 국어에 대한 연구를 계속하여 북한의 국어 문법체계를 완성했다. 그렇기 때문에 남성고 학생들은 오래도록 작곡자인 김성태만 알고, 작사자는 누구인지 모른 채 졸업했었다. 이 교가는 남성중고 여중고 모두 같이 사용한다. 폐교된 남성국민학생들도 불렀다.

초대교장 윤제술 (상)
2대교장 백남규 (하)

1975. 남성고 3학년 4반 교실

설립자 이윤성여사 동상 제막식

학원의 쾌보(快報)
동아일보 1945.12.13 기사
전북 이리 화성농장주 고 백인기씨 미망인 이윤성 여사는 이번 그 부군의 유재를 영육기관에 바치기로 되엇다. 즉 이리에는 우리 손으로 된 중등교육기관이 별로 없음을 통탄하고 임실, 완주군에 잇는 시가 300만원의 토지 2만평을 내어노코 재단을 만드러 이 기금으로 이리에 남성중학교를 창설하기로 하고 8일 정석호, 이춘기 양씨가 상경하야 인가수속을 군정청에 제출하였다. 인가가 나오는대로 중학은 새로히 개설될 터인데 우선 임시로 남중정(南中町) 소화학원 교사를 빌려 생도150명을 수용하야 수업 중에 잇다.

1956. 화성학원 설립자 이윤성여사 장례식(사진제공 : 홍석영)

1978. 남성고에서 열린 이리시민 위안잔치

남성고 건물 해체

남성고등학교 현재 모습

가을 햇빛이 지어낸 둘째누나의 그림자엔 커다란 함지박 때문에 목이 부러진 듯 머리가 없다.
그것으로 그는 아름다운 길 하나를 잃어버린다.
시시때때 눈 비 오고 바람 불어도 히말라야시터의 청정한 직립은 변함없지만, 그러나 둘째누나의 생선 비릿내 나는 함지박이 아무도 몰래 다녀가고부터, 그에게 있어 그 길은 예전의 아름다운 그 길이 아니다. 히라말야-시터의 도열은 받고 있는 희고 정갈한 그 길 또한, 이리시에 도착하면 누구나 맨 처음 걸을 수밖에 없는 역 구내의 어둡고 습하고 좁은 지하보도 연장선상에 있다.

- 박범신 〈더러운 책상〉 중

원광고등학교

전라북도 익산시 부송동 9-4로

원광중고등학교 전경(상단 : 1958년, 하단 : 1970년대)

원광고등학교는 원불교 재단이 운영하는 사립 고등학교다. "물질이 개벽하니 정신을 개벽하자."라는 원불교의 개교정신과 "과학과 도학을 겸비한 전인 교육으로 새 문명사회 건설의 주역 양성"이라는 건학 이념을 바탕으로 1954년에 개교하였다. 개교 당시 교사(校舍)의 위치는 현재 이마트 자리였다.

교표를 둘러싸고 있는 원은 원불교 개교 정신을 의미하는 일원상을 나타내며, 그 일원상안의 도안은 "원광"을 풀어 쓴 것으로서 태극 문양에 사용되는 붉은색과 파란색이 조화를 이룬다.

원광고등학교 본관에는 원반 던지는 그리스 부조가 붙어 있었다. 버드나무 연못 옆에는 보기 드문 링이 설치되어 있었다. 1954년에 설립해 40년간을 한자리를 지켰다. 그 이후 1994년 10월 원광중학교와 함께 현재 부송동의 조용하고 한적한 위치로 이전했다. 1970년대부터 동산동은 동이리역에서 나오는 석탄가루와 보배 소주 공장에서 나오

원광고등학교 옛 모습

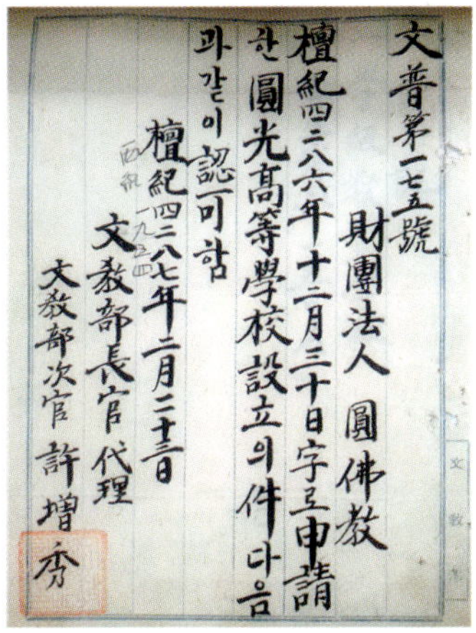

文普第一七五號 財團法人 圓佛敎
檀紀四二八六年十二月三十日字로申請
한圓光高等學校設立의件다음
과같이認可함
西紀一九五四
檀紀四二八七年二月二十日
文敎部長官 代理
文敎部次官 許增秀

1954. 원광고 설립 인가증

1970년대 동산동에 자리한 옛 원광중고등학교의 모습

는 냄새로 학교교육에 적합하지 않은 환경을 가지고 있던 동네였기 때문이다. 1984년 고등학교 선지원 후 추첨제도 시행 후 학교가 비약적으로 발전했다.

교훈은 진실(참), 용감(힘), 봉사(덕)이고 재학생들과 동문끼리 외치는 교호가 있다. '햇빛이 비친다, 정상을 향하여. 혜성처럼 나타난 원광인들아! 더 높은 곳을 향하여 힘차게 발걸음을 옮기자.'의 의미이다. 교호는 다음과 같다.

타히카리 루키하나
하우키나 카테하리
타히카리 루키하나
타히카리 루키하나
원광 원광 원광고야!
타히카리 루키하나

조형수 선수 금메달 획득

원광고 유도부는 1970~1980년대 명성을 전국에 떨쳤는데 한때 없어졌다가 재창단 되었다. 24회 졸업생 구상회(제24회 졸업생, 현 원광고 체육교사 및 유도부 감독) 선수는 1981년에 국가대표로 선발되어 활동했고, 전병재(제24회 졸업생) , 조형수(제25회 졸업생) 선수는 1985년부터 1989년까지 국가대표로 선발되었다. 천길영은 1986년 9월부터 1988년 서울 올림픽, 조형수는 1996년 9월부터 1998년 10월까지 각각 남자 국가 대표팀 코치를 역임하였다. 원광고 유도부는 2000년대부터 전국대회와 국제대회에서 전국 고등부 최다 수준의 우승을 기록하고 있다.

옛 원광고등학교 버드나무 연못

원광고등학교 교지『원우』

원광고 교복 변천사

부송동에 자리한 원광고등학교 현재모습

함열고등학교

전라북도 익산시 함열읍 와리3길 19-3

1958. 함열농업고등학교

함열고등학교는 익산시 함열읍 와리에 있는 공립 고등학교이다. 이 학교는 함열중학교와 이웃하고 있다.

1947년 10월 10일 함열중학원으로 인가받아 개교하였으며, 1948년 2월 24일에 4년제 함열공립중학교로 개명하였다. 1951년 학제 변경에 따라 함열중학교와 6학급 규모의 함열농업고등학교로 분리·개편되어 같은 해 농업과 50명을 모집했다.

1973년에는 함열종합고등학교로 교명을 변경하고 농업과와 보통과 각 1학급씩 전체 6학급으로 개편하였다. 1983년에는 인문계로 개편하여 현재 교명인 함열고등학교로 개명하고, 12학급을 편성하였다.

1992년에는 보통과와 정보처리과 각 2학급씩 12학급을 인가받았다. 2010년 8월 20일 일반계 고등학교로 학과를 개편하였다. 2019년 66회 졸업식에서 누적 졸업생 5,978명을 배출했다.

함열고등학교 현재 모습 및 전경

1958. 함열중·함열농업고등학교 전경

1985. 함열고 졸업생들

함열고등학교 앨범 속 조회장면

전북제일고등학교(舊 이리상업고등학교)

전라북도 익산시 학곤로 19

1967. 이리상업고등학교 학생들

전북제일고는 전라북도 익산시 학곤로 평화육교 너머에 자리하고 있다. 1942년 3월 박육철(朴六喆)을 중심으로 지방 유지들이 사유재산을 기증하여 이리중학원을 설립하였다. 1952년 재단법인이 학교법인으로 변경되고 이리상업고등학교로 재개편된 뒤 2002년 3월 전북제일고등학교로 교명을 변경했다. 2005년 3월 1일 인문계 일반 고등학교로 전환하였다.

과거 이리상업고등학교 시절 1952년 창설된 주산부는 전국에서 최강이었다. 1971년 당시 이 학교 재학생이 우리나라 최초로 주산 10단을 획득한 데 이어, 1976년에도 10단이 탄생했다. 이리상업고등학교는 당시 국제주산대회 우승자도 배출했다.

이리상업고등학교는 한동안 은행원을 많이 배출하는 학교로 전국에 소문이 났었다.

관악대 또한 운영하고 있는데, 유수의 음악 예술인을 배출한 것으로 유명하다. 또한 펜싱부와 핸드볼부는 단골로 전국체전에 나가 우승을 휩쓸고 있다. 이 학교의 핸드볼부는 1964년 창단되어 전국에서 가장 오래된 전통과 역

1967. 선도부 학생들에게 경례를 하는 등교 풍경

1967. 이리상업고등학교 옛 건물

1967. 상장

사를 자랑한다. 현재 국가대표 선수로 이재우(두산), 백성한(인천도시공사)과 국가대표 출신으로서 정읍여고의 코치를 맡고 있는 박민철 코치, 원광대 김종순 감독, 일본 모모야마대학 핸드볼팀 김남균 감독 등 전라북도의 핸드볼 대표 선수와 지도자 대부분이 전북제일고 출신이다.

펜싱부는 1956년에 창단했다. 학교 내에 펜싱경기장이 있다. 2017년 '제14회 한국 중·고펜싱연맹 종별선수권대회' 사브르 남고부 단체전에서 우승을 차지했다. 이 밖에 2019년 당구 세계 챔피언에 오른 최원준 선수도 이리상업고등학교 출신이다.

1967. 이리상업고등학교의 학교 은행 실습

1967. 이리상업고등학교 정확신속 타자실

1967. 이리상업고등학교 제2회 종합미술전

1967. 이리상업고등학교 브라스밴드 학생들의 이리시내 퍼레이드

1967. 펜싱명문 이리상업고등학교

2016. 전북제일고 전국체전 핸드볼 우승

이리고등학교

전라북도 익산시 익산대로 36길 35

1958. 이리고등학교

1955년 공립학교로 개교했는데, 남중동 공설운동장 자리이다. 현재 익산시청과 가까운 위치이다. 이 학교의 교가는 가람 이병기 선생이 작사하고 이흥렬이 작곡했다.

개교 당시 학교 건물을 화강암으로 지었는데, 이는 익산 공립고 중 유일하다. 1970년에 이리동중학교와 이리고등학교가 분리되었다. 분리된 이리동중학교 교가는 이리고등학교의 교가와 같다. 그렇기 때문에 이리동중학교에서 이리고등학교로 진학 한 학생은 교가를 외우지 않았다. 이리고 정문에 들어가서 왼쪽에 보면 강병식 육군 대령의 동상이 있다. 매해 현충일에 이 동상 앞에서 묵념을 하는 행사를 가진다. 이 학교 출신 중에 경찰이나 공무원 등이 많은 것으로 알려져 있다. 특히 졸업생의 모교사랑이 커서 동창회의 지원이 크다. "미령인이여, 역사의 새벽을 깨워라"라는 구호 속 '미령'은 미륵산의 정기를 이어받는다는 의미다. 이리고등학교는 공립인데도 동문들의 장학급기부가 많은 학교다. 축구부와 태권도부를 교기로 운영하고 있다. 특히 동문 가운데 축구선수가 많이 있다. 한때 축구로 전국을 제패한 역사를 갖고 있다. 그중 가장 유명한 선수는 적토마 고정운이다.

1969. 체육대회 멀리던지기

1969. 대의원 선거

졸업장 보관통

적토마 고정운

이리고 28회 고정운(高正云)은 1966년생으로 건국대를 졸업했다. 1989년 일화 천마에 입단했다. 고정운은 입단 첫해 31경기 4골 8도움을 기록하며 신인왕에 올랐다. 왼쪽 측면에서 저돌적으로 빠르게 돌진하는 모습이 '적토마' 같다고 해서, 적토마라는 별명을 갖게 되었다. 일화에서 9시즌을 보내며 프로생활의 대부분을 함께 하였다. 성남 FC, 세레소 오사카를 거쳐 포항 스틸러스에서 은퇴했다. 국가대표 MF로 77경기 10골. 2018년에 FC 안양 감독을 맡았다. 성남 일화 천마와 K리그의 전설로 통한다.

고정운은 제28회 1994 미국월드컵 축구 국가대표로 활약했다. 월드컵 경기가 끝나고 이리고에 강철 황선홍 홍명보 유상철 하석주 등 당시 유명 축구 선수들과 함께 방문한 적이 있다. 그래서 이들을 보려는 시민들로 난리가 난 적이 있었다.

이리고 축구부는 1973년에 창단되었다. 전주공고와의 게임은 이리 전주 더비였다. 적토마 고정운을 앞세운 이리고는 1980년대 황금기를 구가하면서 전국대회 정상에 오른 후 2000년대 후반까지 명성을 이었다. 배기종(경남FC) 곽광선(수원 삼성) 조동건(사간 도스) 박희성(FC서울) 등 프로 선수를 꾸준히 배출했다. 2003-2004년 금석배전국학생축구대회 2연패와 2008년 전국고교선수권대회에서도 우승을 차지했다.

2008. 이리고 축구우승 기념사진

이리고 13회 졸업생
강병식 대령의 동상 앞에 선
이리고학생들

이리고 현재모습

이리고 11회 50주년

이리남성여자고등학교

전라북도 익산시 동서로35길 41-4

1958. 남성여중고등학교 전경

1958년 개교한 사립 고등학교로 남성학원 산하에 있는 여자고등학교다. 남성고등학교와 자매학교로 약 10여 년의 차이가 있다. 과거 교복에는 하얀 밴드가 있어서 많은 시민들의 눈길을 끌 정도로 아름다웠다고 소문이 났었다. 그러나 정작 당시 학생들은 '몸빼 스타일'이라고 불만이 있었다고 한다.
1961년 3월 20일 제1회 졸업생을 배출하였다. 1972년 3월 1일 이리남성여자중학교와 분리되었다.
1977년 이리역 폭발사고현장과 가까워 학교 전체가 피해를 입어 신문에 파손된 학교가 기사로 실린 적이 있다. 특히 인상적인 것은 파손 당시 11월이면 날씨가 많이 쌀쌀함에도 불구하고, 운동장에서 수업을 진행할 정도로 당시 학생들의 학구열이 대단했다는 점이다. 교사(校舍) 파손으로 1980년 2월 22일 남중동 구 남성고등학교 교사(校舍)를 사용하다가, 1985년 4월 30일 영등동 337-5번지로 학교를 이전하였다. 평준화가 진행되면서 비약적인 학력신장을 이루었다.

추위속 운동장수업 학교건물이 무너져버린 南星여고학생들이 교정에서 옥외수업을 받고있다. 【裡里=임시취재반】

남성여자고등학교 배산소풍

1976. 남성여자고등학교 조회

홍석영 선생님과 교지편집부

원광여자고등학교

전라북도 익산시 선화로13길 72

원광여자고등학교는 원불교 개교 정신에 바탕하여 여성의 교육을 통한 인재 양성과 여성의 지휘 향상을 위해 1956년 4월 8일 익산시 신용동에서 원광대학 부설 실업고등학원으로 발족한 것이 그 모태이다. 1957년 4월 1일 익산시 동산동 667번지 원광중학교에 여학생이 분리 수용된다. 그래서 소수의 여학생이 원광중학교 동문으로 있다.

원광여자고등학교는 1962년 현 중앙시장(익산시 창인동 1가 153-2번지)부근으로 이전했다. 1962년 교실 부족으로 원광대학 및 동화의원과 동산선원을 빌려 학생을 분산하여 교육에 임했다. 이후 정산종사(2대 종법사)의 유시에 따라 창인동 현 중앙시장 자리에 있던 구 중앙대학교 이리분교 자리를 매입하여 학교를 키운다. 1967년 12월 29일에는 원광여자종합고등학교로 학칙이 개정되었는데 당시 시민들에게 '원여상'이라는 교명이 깊이 각인되었다.

1977년 이리역 폭발사고 후 학교의 모든 유리창이 깨져 수업을 하지 못하고 학생들이 귀가한 일이 있었다. 이후 1978년 12월 9일 익산시 모현동 배산 밑으로 학교를 이전하였다. 1989년 4월 10일에는 익산시 모현동 신축 교사(校舍)로 이전하며 실업계학교를 분리했다.

중앙시장 입구 옛 원광여상 진입로

현 중앙시장에 자리한 옛 원광여중고 교사

원광여상 정구부

성일고등학교(舊 황등상업고등학교)

전라북도 익산시 황등면 화강암로 229

성일고등학교는 1980년 황등교회가 설립한 익산시 황등면 황등리에 있는 사립 고등학교이다. 황등교회는 한국전쟁 이후 경제적으로 어려워 학업을 계속하지 못하는 학생들에게 배움의 길을 터주며 기독교 교육을 통한 선교사업을 위해 개교하였다. 황등교회는 1955년 3월 황등중학교 기성회 준비 추진위원회를 결성하였고, 황등고등공민학교를 시작으로 교육사업의 문을 열었다. 이후 재단법인 황등중학교 기성회 준비 추진위원회를 결성했고, 황등상업고등학교로 시작했다. 1991년 교사(校舍) 3층(4교실)을, 증축하고 1992년 성일고등학교로 교명을 변경했다. 그리스도 정신에 바탕을 둔 기독교 학교로서 '하나님 사랑, 이웃 사랑, 자연 사랑'을 건학 이념으로 하는 익산 유일의 혁신고등학교이다.

EBS 교내 캠프 "꿈의지도"
알파고를 이기는 비법
EBS를 보며 창의력을 키운다

성일 High School

이일여자고등학교(舊 성신여고)

전라북도 익산시 평동로7길 30

이일여자고등학교는 삼남여고에서 유래한다. 1964년 이리의 유지인 김삼만이 학교법인 대륙학원 인가를 받고 이리삼남여자고등학교를 설립한다. 이 학교는 1968년 12월 성신여자고등학교로 교명을 변경하였다. 이후 한약방으로 인술을 베풀고 부를 축적한 이중하 이사장이 1975년 학교를 인수하고 학교법인 초현학원으로 법인명을 변경한다.

남성고 교장을 지낸 이중각이 교장에 취임한 후 이일여자고등학교(裡一女子高等學校)로 교명을 변경하고 명문고로 발돋움했다. 1982년부터 공단 여성근로자를 위한 야간 특별학급이 있었었는데, 이 특별반은 1995년에 폐지되었다.

이일여고를 알린 사람은 탁구선수 양영자이다. 남북스포츠 평화의 상징으로 1988년 서울올림픽에서 현정화와 여자 복식 금메달을 획득했다. 1987년 세계선수권, 1986 뉴델리 여자 복식, 1986 서울 아시안게임, 니카타 아시아선수권 등 양영자의 수상 경력이 화려해 다 적을 수 없을 정도이다.

김영규 미술 선생님과 옛 성신여고 학생들과 교지 〈초원〉

익산고등학교

전라북도 익산시 금마면 고도길 85

1969. 익산고 제1회 졸업생 28명

익산고등학교는 전교생이 기숙사 생활을 하는 사립 기숙학교이다. 이 학교는 백제의 옛 도읍인 익산시 금마면의 금마산 아래 동고도리에 자리하고 있다. 1948년 익산중학원(益山中學院)으로 인가를 받아 9월 20일 128명의 학생을 모집하여 개교했다. 1964년 2월 28일 익산국민학교(益山國民學校)를 개교하여 1969년까지 운영했었다. 익산중학교도 이 학교와 같은 재단이다.

1966년 3월 5일 개교한 후 1980년부터 종합고등학교가 되었다. 1999년 故 유당 지성양 이사장(전 신흥증권 회장)이 150억 원의 장학금을 출연, 2000년부터 영재학급을 운영하면서 명문사학으로 급성장하고 있다.

익산고등학교는 개교 이후 1978년 상업과를 설치하면서 인문계와 실업계를 모두 운영하는 종합고등학교였다. 그렇기 때문에 당시 익산 시내 일반계고등학교 진학에 실패한 학생을 주로 흡수하는 시골학교 취급을 받기도 했다. 그러나 2000년 이후 매년 학생에게 수여하는 장학금만 10억 원에 이른다. 그 만큼 수업료는 물론이거니와 학교운영지원비 전액 면제 등 장학혜택이 매우 크다. 그렇기 때문에 지금은 익산시의 대표 명문고로 발전 중이다.

2004년 자율학교 전환 이후엔 전국 단위로 신입생을 선발한다. 익산고는 본디 일반계 4반, 상업계 2반의 종합고등학교였지만, 2016년도 신입생부터 일반계 6반으로 전환·선발하고 있다. 앞에서 언급한 장학금 이외에 학교의 체육관(신흥관) 등 교육 환경이 매우 좋다. 이 학교는 농어촌 자율학교로 2004학년 수능 전북지역 인문계 수석과 예체능계 수석을 배출했다. 일반 학생들도 학교 체육시간에 매주 1시간씩 검도를 배운다.

1960년대 후반 선생님들

1970. 교련 합동검열

1969. 학교생활지도부
간부들과 선생님

1971. 교내 신체검사중
시력검사

1970년대 왕궁탑 주변의
풀베기·보리밟기·보리베기
봉사활동

제99회 전국체육대회

으뜸학생 명품교육
2019 멘토링 학습 발표대회

함열여자고등학교

전라북도 익산시 함열읍 남당리 586번지

함열여자고등학교는 익산시 함열읍에 있는 사립 고등학교다. '참되고 착하고 아름답게'라는 교훈으로 1967년 개교 했다. 1967년 10월 31일 함열여자상업고등학교로 개명하여 1970년 1월 20일 제1회 졸업생을 배출하였다. 1974년 11월 14일 함열여자종합고등학교로, 2000년 9월 1일 함열여자고등학교로 개명하였다. 2003년 인성교육관 및 만남의 집을 준공하였으며 2004년 3월 1일 기숙사를 개관하였다. 3학년 21학급으로 편성되어있으며 보건간호학과가 3학급 있다.

함열여고 졸업생, 골프 신동 박현경

박현경은 LPGA 투어 US오픈 한국 지역 예선에서 우승, 한국에서 단 두 장뿐이던 US오픈 직행 티켓을 차지했다. 2016년 세계여자아마추어 팀 챔피언십에서 우승, 한국골프 프로 및 아마추어 역사상 72홀 최소타(29언더파 259타) 기록을 세우며 송암배 아마추어선수권을 제패했다.

박현경은 2000년 생으로 익산함열여중, 익산함열여고 출신이다. 2015년 네이버스컵 3개국 국가대표 친선경기 우승, 2017년 KLPGA 투어 하이트진로 챔피언십 아마추어 1위 등(52위)· 화려한 경력을 자랑한다.

진경여자고등학교

전라북도 익산시 황등면 황등리 955번지

진경여자고등학교는 한국최고의 화강석으로 유명한 익산시 황등면에 자리하고 있다. 이 학교는 1965년에 개교한 사립 고등학교다. 1964년 학교법인 반석학원으로 설립인가를 받았으며, 1965년 3월 1일 진경여자중학교로 개교하였다. 1971년 진경여자상업고등학교가 문을 여는데, 1976년 3월 현 위치로 고등학교 분리 이전을 하였다.

2001년 3월 1일 진경여자고등학교로 교명을 변경하였으며, 2006년 1월 25일 전라북도 교육청 지정 자율학교로 승인을 받았다. 2017년 교육부가 공모한 정부부처 지원 '매력적인 직업계고 육성사업'에 선정, 진행 중이다. 2018년 교육부 지정 비중확대사업에 조리제빵과가 선정되었다.

2019년 11월 진경여자고등학교 공자학당은 원광대학교 공자아카데미가 주최한 제4회 중국문화지식 퀴즈대회에 참여해서 3학년 김민주 학생이 은상을 받았다

여산고등학교

전라북도 익산시 여산면 가람로 465

호남의 관문 여산에 자리한 여산고등학교는 1972년 설립인가를 받고, 1973년 3월에 개교했다. 1992년에 인문1학급, 정보처리 2학급으로 학과를 개편한다. 2003년에는 6학급으로, 2019년에는 3학급 인가를 받았다. 2019년 제44회 졸업에 누적 졸업생 3,836명을 배출했다.

전북과학고등학교

익산시 금마면 용순리 신기길 48-69

전북과학고등학교는 익산뿐만 아니라 전라북도를 대표하는 특수 목적 고등학교이다. 1991년 전북지역 유일의 과학고로 금마면 미륵산 자락 아래 명당에 학교 터를 잡고 개교 했다. 이 학교는 전북교원연수원과 교문을 함께 사용하는데 교문을 바라보고 오른쪽이 교원연수원이고 왼쪽이 과학고다. 1991년 3월 5일 1기 신입생 59명이 입학 후, 오늘에 이른다.

특수 목적 고등학교인 만큼 수학, 과학 분야에 대한 심층적 교육이 진행된다. 또한 전북과학고등학교에는 조기졸업제도가 있다. 그리고 모든 1학년 학생들이 R&E를 하도록 되어있다. 2015년부터는 조기졸업 및 조기이수의 기준 변경에 의해 2학년들은 조기졸업을 선택할 수 있다. 이 학교의 전교생은 기숙사에서 생활한다.

학교에서 작은 숲을 통과하면, 미륵사지가 나온다. 이 학교의 수업은 종종 교원연수원에서 이루지기도 한다. 음악 교육은 강당 옆 선화관에서 진행된다. 교복 없이 평상복을 이용하고, 급식은 전라북도 교원연수원 식당을 이용한다.

전북기계공업고등학교

전라북도 익산시 인북로32길 41

1970년대 전북기계공고 항공사진과 2010년대 항공사진

전북기계공업고등학교는 전북을 대표하는 마이스터 고등학교다. 1974년에 남중동에 자리한 시청 오른쪽 옛 이리공업고등학교가 나간 공간, 이리공대가 있던 자리에 개교했다. 당시 대통령인 박정희의 공업입국 구호에 따라 전국의 수재들이 모여들었다. 개교 초기에서부터 지금까지도 학생들은 기숙사 생활을 하고 있으며, 한 때는 군기가 강했다고 알려져 있었다. 지금도 그러하지만 학교 개교 초창기에는 유수의 기업에 쉽게 취업할 수 있었던 명문 고등학교이다.

오른쪽 가운데 사진은 1976년 전북기계공업고등학교에서 주최한 삼성중공업주식회사에 취업한 학생들을 축하해주기 위한 행사 사진이다. 초대 교장으로 해군 장군 출신인 김준태 교장이 부임했다. 당시 '기계공고'로 불린 이 학교는 전북을 넘어 전국에서 학생들이 몰려들었다. 중학교 성적 상위 10퍼센트 안에 드는 학생들만이 합격할 수 있는, 가난하지만 우수한 학생들이 모인 학교였다. 모든 학생들은 기숙사 생활을 했는데, 매일 일석점호를 했다니 힘들었을 것이다. 당시 창원기계공업단지에 자리한 삼성중공업은 지금은 들어가기 힘든 세계적인 조선회사인데, 사진으로 보면 열댓 명이 넘는 취업에 성공한 하복 교복을 입은 학생들이 줄을 지어 입장하고 있다. 건물 입구에는 한자로 '조국근대화의 기수'라는 표어가 걸려 있다. 박수치는 후배들은 작업복을 입고 있다. 자로 잰 듯한 열을 보고 있자니 요즘 학생들과 비교했을 때 격세지감을 느끼게 된다.

1974. 초대 전북기계공고 교장
으로 부임한 해군장성 출신
김준태 교장

1977. 삼성중공업 취업
기념식에 참석한 학생들

선반과 드릴 실습에 몰두하는 학생들

1977. 이리역 폭발사고 당시 이재민 천막촌에 전기 공사를 하고있는 전북기계공고 학생들

1977. 학도호국단 간부들

초창기 입학생들의 중학교 성적분포

년도 \ 석차		5% 이내	6~10%	11~15%	계
1975년	인원	202	228	110	540
	%	37.4	42.2	20.4	100
1975~1977년	인원	781	668	171	1620
	%	48.2	41.2	10.6	100

초창기 입학생들의 도별분포

년도 \ 출신도		전북	전남	충남	경남	충북	강원	경기	경북	서울	제주	계
1975년	인원	318	82	89	22	12	9	4	4	.	.	54
	%	59.1	15.2	16.5	4.0	2.2	1.6	0.7	0.7	.	.	10
1975~1977년	인원	818	285	246	86	83	41	34	20	2	5	162
	%	50.5	17.6	15.2	5.4	5.2	2.5	2.0	1.2	0.1	0.3	10

전기기계 실습중인 학생들

원광정보예술고등학교

전라북도 익산시 선화로13길 72

원광정보예술고등학교는 원불교 원창학원이 운영하는 특성화 예술고등학교이다. 학교의 위치는 배산 앞에 자리하고 있어 원광여고, 원광여중과 같은 캠퍼스를 사용한다. 이 학교의 역사의 시작은 '원여상'에서 출발했다. 그 후 원광여자정보고등학교로 교명을 변경하였고, 다시 2002년 원광정보예술고등학교로 교명을 변경하여 오늘날에 이른다. 이러한 이 학교의 역사 때문에 많은 시민들이 여자고등학교로 알고 있는데, 사실 이 학교는 남녀공학이다.

최근 음악과 춤으로 실력을 인정받고 있는 여성 아이돌 그룹 마마무의 보컬과 퍼포먼스를 담당하는 휘인(본명 정휘인)과 화사(본명 안혜진)가 이 학교 출신이다. 데뷔 당시부터 '신인답지 않은 괴물 신인'이라는 수식어가 붙었을 정도로 이들은 가창력, 랩, 댄스, 무대매너, 외모 등등 모든 면에서 흠잡을 곳이 없다는 평가를 받았다.

백제고등학교

전라북도 익산시 오산면 장항길 26

백제고등학교는 익산시 송학동에서 서수·임피 방향으로 800m가량 들어가는 곳에 위치하고 있다. '밝은 사고와 따뜻한 마음으로 행동하는 인간을 육성하자'라는 설립이념 아래 백제고등학교는 인성교육을 통하여 상실된 인간성을 회복시키고 학생 중심의 특성화교육을 통해 각자의 소질과 적성에 맞는 교육을 진행하고 있다.

2005년 효성고등학교로 개교하였고, 2007년 백제고등학교로 교명을 변경하였다. 교훈은 '세계를 품고 세계를 향한 세계 속의 백제인' 이며, 교목은 소나무, 교화는 목련이다.

총화단결
혼란속에간첩오고

익산시 중학교

1975, 이리역 앞 아침통학생들의 모습

이리여자중학교(현 익산지원중학교)

전라북도 익산시 고봉로 67

1970년대 이리여중·고 항공사진

이리여자중학교는 1924년 이리공립고등여학교로 개교했다.
개교 당시에는 일본인만 입학할 수 있는 일본인 학교였다. 간혹 조선인도 있었으나, 그것은 특수한 경우였다. 이 학교는 본디 (현)이리중앙초등학교 남쪽에 교사(校舍)가 있었는데, 수영장까지 갖춘 학교였다. 그 뒤 1930년 4월 현재의 위치에 학교를 신축, 이전했다. 해방 이후에는 6년제 중학교로 되었다가 1951년 학제 변경으로 중·고등학교가 분리되어 3년제 이리여자 중학교가 되었다. 2000년 남녀공학으로 전환하며 익산지원(芝苑)중학교로 교명을 변경했다.

교가

만경강 감도는 곳 호남평야에
무르익은 벼 이삭 아름답다
그 속에 솟은 언덕 배움의 보금자리
평화의 우리학원 지원중학교

1958. 이리여자중학교

평준화 이전 이리여중은 당시 가장 명문학교였다.

1970년대 퇴비증산작업

1967. 필드하키부

가정실습시간의
재봉틀 교육

영어회화 실습시간

위는 주산반의 모습이고 아래는 타이프라이터 교육인데 2인1조다.

이리여중 탁구부

특별활동 시간의
정구(소프트볼) 부

이리여중 펜싱부는
전국적으로 명성이 있었다.

145

이리여중 앨범 편집 위원들

이리여자중학교는 현재 지원중학교(2000년 개교)로 전환되었는데, 남녀공학이다.

남성중학교

전라북도 익산시 동서로 35길 41

1958. 남성중학교 모습(상), 1968. 남성중학교 특별활동 정구부 모습

익산을 넘어 전라북도의 명문인 남성중학교에 입학하려면 이리 시내에서는 상위권, 시군밖에서는 최상위권에 들어야 했다. 이리동중도 명문이었지만 아무래도 남성중학교는 경제력이 나은 학생들이 많았다. 1971년 중학교 무시험으로 큰 타격을 받게 된다. 1945년 12월 화성학원에 의해 남성중학교가 발족, 그 다음 해 이사장 이춘기의 노력, 김현길의 회계사무, 교장 윤제술의 노력으로 1946년 정식 승인을 받아 개교되었다. 남성중학교의 첫 교사(校舍)는 이리역 앞 가교사(假校舍)였다. 그 뒤 1947년 전 남성중학교 자리에 목조교사 3동을 신축하여 이전을 했다.

1982년도에 현재 교사 건물인 소라단 신축 교사로 이전했다. 남성중학교는 1990년 1월 학교법인 명칭을 남성학원으로 개명했다.

교가

삼남의 으뜸이라 만경벌 여기
기름진 솜리따흔 마한의 금마
의젓한 백제 문화 동방에 흘러
한 별이 새로나니 별빛도 클사

소라단에 자리한 남성중학교 현재 모습

1964. 남성중 교사일동

1965. 신광교회와 이리역 앞 4.19 탑에서 졸업사진 촬영을 하는 남성중학교 학생들

이리남성여자중학교

전라북도 익산시 동서로 35길 41

148

1959. 이리남성여중 제1회 졸업생

이리남성여자중학교 역사의 시작은 1946년 화성학원이 설립한 남성중학교에 여자중학교 개교를 목표로 여학생 2개 반을 증설한 것이다. 그 뒤 1958년 이리남성여자중학교 설립을 인가받고, 이리시 남중동 254번지(현재 남성맨션 아파트)로 교사(校舍)를 이전했다.

이리남성여자중학교는 1977년 11월 11일 이리역 폭발사고로 교사가 파괴되어 교사를 철거한 뒤 전 남성중학교 교사에 학생을 분산하여 수업을 진행했다. 이후 1985년 현 부지로 이전했다. 그 뒤 1990년 화성학원을 남성학원으로 개명했다.

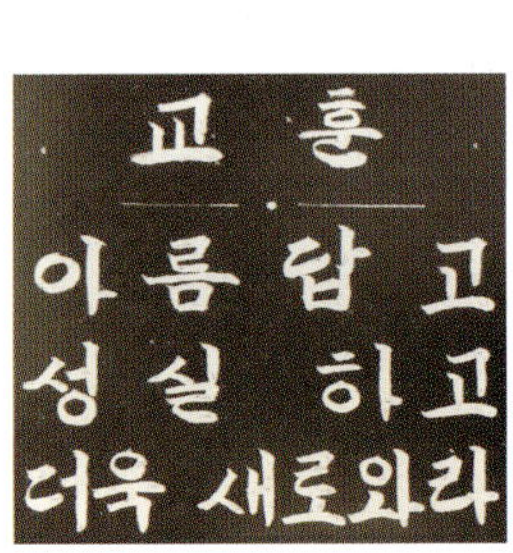

애육원을 방문하는 남성여중 걸스카우트 학생들의 소라단 가는 길

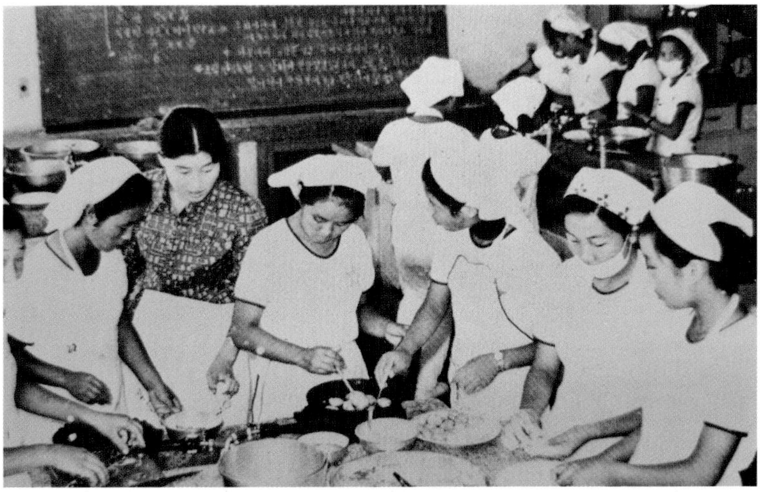

당시 가정실습시간

1972. 해운대 수학여행길에 나선 남성여중학생들

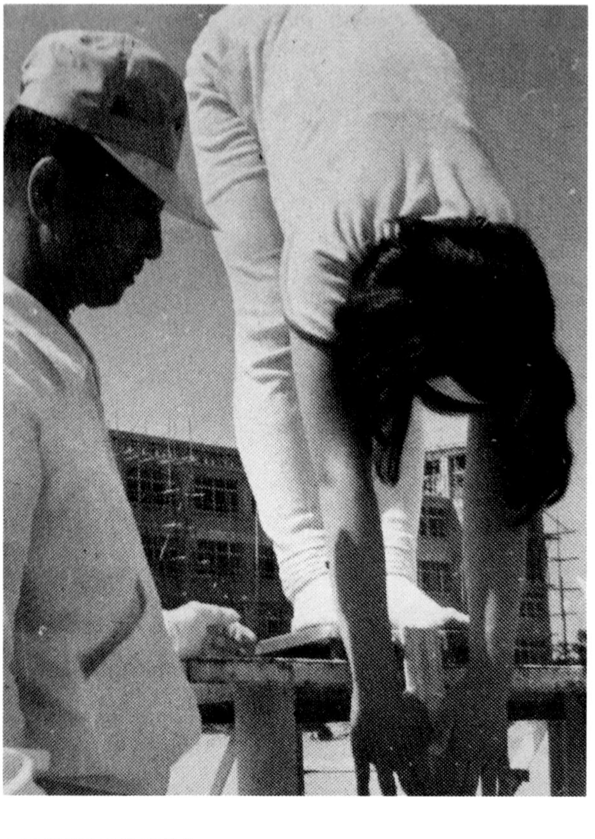

고입 시험을 위한 체력장

남성여중생들의 배산소풍

원광여자중학교

전라북도 익산시 선화로13길 72

1970년대 이리중앙시장입구에 자리한 원여중 학생들의 아침청소

원광여자중학교는 1956년 익산군 북일면 신용리에서 원광대학 부설 실업고등학원으로 발족하였다. 이 학교는 1957년 원광중학교 별관 교실을 빌려 사용하던 중, 원광 중·고 여학생으로 편입시켜 운영했다. 그 후 1960년 2월 설립인가를 받아 원광고등학교 교실 5개, 동산선원 교실 1개, 동아병원 교실3개 등의 교육시설을 빌려 사용했다. 1962년 동산동에서 창인동으로 이전했다. 현재 교사는 1979년 이전했다.

교가

마한의 옛 터전 솔리 벌위에
퍼지는 빛을 보라 빛을 보거라
유유히 굽이치는 만경강 안고
동방의 맑은 정기 여기 머물러
온 누리 빛도 큘사 원광여중교

이리중학교

전라북도 익산시 학곤로 19

1961. 서울 수학여행

1962. 제1회 전라북도 학생종합체육대회
이리중학교 브라스밴드

이리중학교는 1946년 박육철이 이리중학원을 설립하고, 1947년 이강이 동문중학원을 설립했던 것이 그 시작이다. 그 뒤 1948년 이리중학원과 동문중학원이 통합하여 이리중학교 기성회를 조직했고, 1949년 이리학원 인가를 받았다. 1971년 중학교 무시험진학, 소위 뺑뺑이추첨이 되기 전에는 보통의 학교였으나 1974년 고입시부터 두각을 나타내기 시작했다. 안도현 시인이 근무한 적이 있는 학교다.

교가

청청한 호남하늘 유구한 곳에
새로운 조국역사 이어 받아서
배움의 높은이상 기를 세웠네
아 그 이름이 우리의 구원의 동산
장하다 이리학원 우리의 학원
배우고 닦아서 이름 빛내세

1965년 익산에서 최초로 핸드볼 팀을 창설하여 1년 만에 전국대회에서 우승했다. 2007년 3월 제31회 연맹회장기전국남녀중고 핸드볼대회와 9월 6일 제35회 문화관광부장관기 전국 중·고 핸드볼대회에서 우승했다. 2009년 3월 16일부터 23일까지 열린 33회연맹회장기전국남녀중고 핸드볼대회와 제38회 전국소년체육대회에 참가해 우승을 거두었다. 펜싱부는 2006년 제44회 전국종별펜싱대회에서 우승하였고, 2008년 소년체전에서 준우승했다. 2009년 제21회 한국중고연맹 전국 펜싱선수권대회에서 3위에 입상했다. 같은 해 제38회 전국소년체육대회에 참가해 준우승을 거두었다.

안도현 시인은 80년대
이리중학교에 근무했으나
1989년 전교조 활동으로 해직되었다.

그리운 이리중학교(안도현)

교문 앞 문방구에 1학년들 아침 새떼로 왁자그르르 내려앉는 소리
뛰어가다가 인사하고 다시 내달리는 발자국 소리
자전거 페달 밟는 소리 바퀴살이 바람을 감는 소리
복도에서 뒤엉키는 소리 찬란한 난장판 만드는 소리
교장 선생님 지시사항 줄줄이 지시하는 소리
접혀진 출석부같이 돌아서서 선생님들 불평하는 소리
숙직실 앞 산당화 화들짝 꽃잎 여는 소리
서무실 아가씨 타자 치는 소리 동전 거슬러주는 소리
수업시간을 절반을 뚝 자르며 달리는 기차소리
호통치는 소리 훌쩍이는 소리
책읽는 소리 책장 넘기는 소리
찰흙처럼 말랑한 종아리에 차륵차륵 매 맞는 소리
아이들 쑥쑥 키가 크는 소리
체육 선생님 목에 달린 호루라기 소리
담배 피우다 교무실에 잡혀와 귀싸대기 맞는 소리
몰래 담 넘어가다 붙들려와 손바닥 싹싹 비는 소리
좁은 직원변소에 쭈그려 앉아 힘쓰는 소리 한참 있다가 선생 똥 떨어지는 소리
흐린 날 분필 뚝뚝 부러지는 소리
하늘 속으로 축구공 차올리는 소리
운동부 학생들 칠면조같이 악쓰는 소리
유리창에 매달린 붉은 저녁놀이 보채는 소리
심야자율학습 감독 선생님 짜장면 후룩후룩 먹는 소리
형광등에 모기며 나방들이 날아와 붙는 소리
퇴근하고 전교조 사무실로 향하는 선생님들 발소리
적막 속으로 먼동 트는 소리

함열중학교

전라북도 익산시 함열읍 함열3길 37

154

함열중학교는 1947년 함열중학원을 인가받아 1948년 함열공립중학교로 설립되었다. 이 학교는 개교 당시 4년제로 설립되었으나, 1951년 중·고등학교 개편에 따라 3년제 중학교로 개편되었다. 그 후 1988년 중·고등학교를 분리했다.

교가

예명의 자유종 높이 울리고
호남들 넓은 곳 기름진 땅에
진리의 넓은 문 여기 열렸네
해방과 한해에 일어난 학당
영원히 빛내라 함열 중학교
영원히 빛내라 함열 중학교

함라중학교

전라북도 익산시 함라면 함낭로 61-18

함라중학교는 1952년 1월 설립 인가를 받은 뒤 같은 해 4월에 개교했다. 이 학교는 개교 당시 1학급 47명의 학생이 수학했다. 2019년 현재 제66회 졸업에 누적 졸업생은 5,325명이다.

여산중학교

전라북도 익산시 여산면 가람로 459-10

여산중학교는 1952년 4월 개교했다. 개교 당시 6학급 남녀공학이었다. 이 학교는 1974년 1월 21학급을 인가 받을 정도로 교세를 확장했지만, 농촌 인구수 감소에 따라 점차 학생이 감소되고 있다. 이 학교는 1985년 5월 여산고등학교와 교사(校舍)를 교환했다.

용안중학교

전라북도 익산시 용안면 현내1로 71-8

용안중학교는 1954년 4월 설립했다. 설립 당시 학급수는 3학급이었다. 이 학교 개교 당시는 한국전쟁 이후다. 사회 전반적인 어려움이 있었음에도 개교가 가능했던 것은 이 지역 주민들의 교육열에 기인한다.

용안중학교는 2019년 제63회 졸업식에서 누적 졸업생 5,134명을 배출했다.

교가

마한 옛터 미륵산 바라다 보는
끝 없는 옥야천리 용안이라네
옛 부터 유서 깊은 무학산기슭
진리찾은 종소리에 새움이 튼다
씩씩하다 우리들은 민족의 횃불
빛 나거라 길이길이 용안중학교

익산중학교

전라북도 익산시 금마면 고도길 85

익산중학교는 학교법인 익성학원이 설립한 학교다. 익성학원은 1948년 4월 학원 설립 기성회가 조직되어 그 해 9월 익산중학교가 개교되었다. 설립자 지태순은 해방 후 무지와 가난으로부터 벗어나는 길은 교육에 있음을 선각하고, 당시 20세를 전후하여 배울 시기를 놓친 젊은이들에게 배움의 길을 열어주기 위해 1951년 6월 익성학원의 인가를 받고 익산중학교 1회 졸업식에서 54명의 졸업생을 배출했다.

익산중학교 2회 졸업식

1979. 익산중학교 무용부

원광중학교

전라북도 익산시 무왕로31길 154

1958. 원광중학교 동산동 옛 건물

1946년 5월 원불교를 모체로 한 유림학원이 원광중학교 발족의 시초이다. 유림학원은 처음에 중등부와 전문부 둘로 나뉘어 있었다. 그중 중등부는 지금의 중·고등학교, 전문부는 원광대학교로 나누어졌다. 이후 유림학원은 1951년 원광중학교로 인가, 1954년 원광고등학교가 인가되어 중·고등학교를 통합 운영했다. 원광학원은 1990년 8월 정관 변경으로 원창학원으로 분리되었다.

원광중학교는 '물질이 개벽되니 정신을 개벽하자'는 원불교의 개교 정신에 바탕하여 과학과 도학을 겸한 전인교육을 진행하고 있다.

교가

만경강 굽이 흐른 호남의 들판
역사도 오랠러라 마한의 옛터
한 가닥 인연으로 태어난 우리
한품에 기르시는 원광의 학원
나날이 자라나는 희망의 동산
그지없이 빛나거라 광명의 동산

1970년대 원광중고등학교의 항공촬영사진. 현재 동산동 e마트자리다.

1970년대 원광중 보이스카우트와 지도자 안영 선생님

이리동중학교

전라북도 익산시 동천로7길 44

남중동에 위치한 옛 이리동중학교는 이리고등학교와 같은 캠퍼스를 사용했다.

동산동으로 이전한 이리동중학교

이리동중학교는 1940년 이리공업학교와 시작을 함께했다. 일제 시대 중등 교육기관은 5~6년제로 통합되어 있었다. 해방 이후 1951년 중등교육기간이 중학교 3년, 고등학교 3년으로 정해짐에 따라 1951년 9월 이리동중학교와 이리공업고등학교로 분리되었다. 비록 학교는 분리되었으나, 교사(校舍)는 이리공고와 함께 사용하다가 이리동중학교가 1952년 남중동 신축교사로 이전하였다.
이리동중학교의 축구부는 1999년 금석배 전국축구대회 우승, 2009년 전국 초중고 축구리그 우승, 그리고 제55회 추계 한국중등축구연맹전 고학년 백호그룹 결승전에서 승리하고 우승을 거머쥐었다.

교가

우뚝이 솟아났다 이 곳에 이 집
씩씩한 젊은이들 다 모여 드네
미륵을 뒤에 두고 앞엔 넓은 들
인걸을 길러내는 이리의 동중

1966. 이리동중학교 경주수학여행(사진제공: 오태수)

1966년, 이리동중학교 경주 수학여행

두근두근. 1966년, 이리동중 학생들이 수학여행을 간다. 이리역에서 기차를 타고 대전을 거쳐서 경주로 향한다. 당시 이리시 중학생들의 수학여행 후보지는 가까운 곳은 부여, 조금 멀게는 속리산 법주사, 여수 오동도 등이 후보지였다. 제주도는 고등학교 때 가는 곳이었다. 뒤에 보이는 한옥은 석굴암 들어가는 입구란다.

수학여행인데, 학생복 차림이다. 요즘 애들은 방방 뛰겠지만. 옷이 '가쿠란' 교복밖에 없으니 당연한 일. 동중학교 교복은 모자에 하얀 띠를 두르고 소매에도 하얀 선이 붙어 있다. 맨 앞 가운데 앉은 학생은 비싼 운동화를 턱 내놓고 있다. 앞에 키가 크고 검은 옷을 입으신 분은 당시 영어를 가르친 소신영 선생님이고 좌측에 서 계신 신사분은 별명이 '따올로' 선생님이었다.

아! 1966년은 중국에서 문화대혁명이 시작되었다. 김기수가 주니어미들급 복싱 세계챔피언이 된 해이기도 하다. 사카린 밀수사건이 터졌고, 홍성대는 수학의 정석을 펴냈다.

함열여자중학교

전라북도 익산시 왕궁면 견우길 3

1974. 박종원 음악교사와 학생들

함열여자중학교는 1960년 인가받아 1961년 개교했다. 이 학교는 삼성학원에서 설립 운영하는 사립학교이다. 1990년 신축교사 21교실을 완공했고, 1997년 3교실을 증축했다.

황등중학교

전라북도 익산시 황등면 황금로 18

황등중학교는 1960년 재단법인 황등학원에서 설립 인가를 받아 다음 해 1961년 개교했다. 1964년 12학급으로 증설했다. 그 뒤 학교법인 황등학원으로 명칭을 변경했다. 일신중학교는 1973년 폐교되었는데, 황등중학교에서 그 학생들을 수용했다. 황등중학교는 2019년 누적 졸업생 7,881명을 배출했다.

교가

아침 해로 찬란한 호남의 옥토
대한의 역사를 자랑하는 곳에
한 알의 밀알이 뿌려졌으니
슬기로 이어온 겨레의 희망일세
진리로 다져진 황등터전에
그 이름 빛내어라 황등중학교

진경여자중학교

전라북도 익산시 황등면 황등서로 104

진경여자중학교는 1964년 한용석 장로가 기독교의 이념을 바탕으로 한 학교법인 반석학원의 설립 인가를 받아 개교했다. 처음 개교명은 황등여자중학교였다. 그 뒤 1966년, 1977년 두 번에 걸쳐 학급 증설 인가를 받고, 1979년 진경여자중학교로 교명을 변경했다. 이 학교는 1991년 현재 교사(校舍)로 신축 이전했다.

교가

자주 평화 봉사의 선교를 위해
진리의 배움터가 세워진 동산
이 땅에 민주정의 역사 이루고
온 세상에 우리의 사랑전하여
섬기면서 나누는 참 빛 진경인
영원히 빛내리 진경여중

이리남중학교

전라북도 익산시 배산로3길 55

70년대 마동에 자리한 이리남중학교

1970. 이리역 앞의 반공행렬

이리남중학교가 개교할 시기 중·고 분립 원칙이 무너져 고등학교에서 중학교를 병설하고, 중학교만 있는 곳에는 고등학교를 설치하는 경향이 있었다. 이리남중학교는 1961년 이리남중학교 설립 인가를 받고, 1962년 이리농림고등학교 소속, 이리남중학교로 개교했다.
이 학교는 2000년 남녀공학으로 학칙을 변경 및 인가받았고, 2016년 마동에서 현재 모현동 1가로 교사를 이전했다.

1970. 이리남중 학생회간부

1970년대 이리남중학교의 주산실습 수업

1970. 이리역 앞의 반공 가장행렬, '1970년은 공업 단지를 완성하는 해'라는 아치가 인상적이다.

70년대 중반 이리남중학생들의 시내 캠페인 활동

이리남중학교는 2016년에 모현동으로 신축 이전하였다.

이일여자중학교(옛 성신여중)

전라북도 익산시 평동로7길 30

1970년대 옛 성신여중 학생들의 교육활동과 웅변대회에서 열변을 토하는 연사

이일여자중학교는 1964년 학교법인 대륙학원이 설립하여 같은 해 이리삼남여자중학교로 설립 인가를 받았다. 그 뒤 1968년 이리성신여자중학교로 교명을 변경했다. 이 학교는 1975년 이중하 이사장이 법인 및 학교경영권을 인수한 뒤 학교법인 초현학원으로 법인명을 변경, 학교명도 이일여자중학교로 변경했다.

옛 성신여중 건물과 교지 초원

삼기중학교

전라북도 익산시 삼기면 황금로 499

삼기중학교 제1회 졸업생들

삼기중학교는 1971년 12월 인가되어 다음 해 개교되었다. 개교 당시에는 9학급 설립 인가를 받았으나, 1997년 6학급. 2009년 5학급, 2010년 4학급 그리고 2011년 3학급으로 편성 변경 되었다. 2019년 2월 제45회 졸업식을 통해 총 누적졸업생 5,017명을 배출했다.

교가

미륵산 정기를 타고난 우리
중학의 전당에 한데 모였다
배우고 닦아서 기둥이 되어
새로운 역사의 일꾼이 되자
미륵산 장군봉은 우리의 기상
삼기산 와우는 우리의 전설
빛 내자 드높이자 삼기중학교

1회

3회

3회

7회

24회

33회

34회

성당중학교

전라북도 익산시 성당면 함안로 671-333

성당중학교는 1971년 9학급으로 설립 인가를 받았고, 개교 당시 1971명이 입학하였다. 이후 2014년 대한민국 행복학교 박람회 우수학교 교육부장관 표창을 받았다. 이 학교는 2019년 제46회 졸업식에서 누적 졸업생 3,634명을 배출했다.

왕궁중학교

전라북도 익산시 왕궁면 왕궁로 556

왕궁중학교는 1971년 12월 인가되어 그 다음해 4월에 개교했다. 개교 당시 인가 학급은 9학급이었다. 그 뒤 1973년 학칙 개정을 통해 12학급으로 교세를 늘렸으나, 농촌 인구의 감소에 따라 2007년에는 3학급으로 다시 학칙을 변경했다. 2019년 제45회 졸업식에서 누적 졸업생 5,107명을 배출했다.

교가

푸른 뫼 노령정기 머리에 이고
다져진 넓은 들이 옥토 이뤘네
마한과 백제의 얼 피고 또 피어
역사의 슬기모아 요람이 되니
미더운 새 일꾼을 길러내는 곳
영원히 빛난 이름 왕궁중학교

웅포중학교

전라북도 익산시 웅포면 덕성길 13

웅포중학교는 1978년 12월 인가를 받아 그 다음 해 1979년 3월에 개교 했다. 개교 당시 인가 학급은 3학급이다. 2019년 제38회 졸업식을 통해 누적 졸업생 1,864명을 배출했다.

이리북중학교

전라북도 익산시 익산대로 415-14

이리북중학교는 1985년 설립 인가를 받고 동년 3월에 개교했다. 개교 당시 인가 학급은 24학급이다. 2019년 제32회 졸업식에서 누적 졸업생 12,361명을 배출했다.

교가

옥야벌 삼백리 역사 오랜 곳
미륵산 만경강이 다정도하다
창의성실 자율로 다져가나니
우리의 앞 길에 거칠 것 없다
새 날의 새 학교 우리중학교
길이길이 빛 나리 이리북중학교

이리영등중학교

전라북도 익산시 하나로 490

이리영등중학교는 1991년 이리영등중학교 설립 인가를 받고 그 다음해 3월 개교했다. 27학급의 설립 인가를 받았으며 개교 시 신입생은 8학급 393명이었다. 이후 2003년 현 위치로 교사를 신축 이전했다.
이리영등중학교는 대단위 아파트 단지 조성과 그에 따른 학생 수용을 위해 개교했다.

교가

노령의 푸른 정기 이어 받아서
황금벌 펼쳐놓은 마한의 옛 땅
슬기로 꽃피우는 진리의 터전
거룩하게 빛나거라 영등의 요람

익산부송중학교

전라북도 익산시 선화로69길 6

익산부송중학교는 2001년 설립 인가를 받고 2006년 개교되었다. 이 학교의 설립 인가 학급은 36학급이며, 개교시 신입생 학급은 1학년 12학급이었다. 익산부송중학교는 영등동 일대의 개발에 따라 학생 수용을 위해 2000년대 이후 개교한 중학교이다.

교가

마한의 넓은 벌판 큰 기상으로
빛나는 꿈과 희망 이뤄가는 곳
사랑으로 하나되는 참된 인재들
진실로 마음으로 배우고 익혀
세상을 이끌어갈 희망되리라
영원한 진리의 빛 익산부송중학교

익산어양중학교

전라북도 익산시 하나로12길 39

익산어양중학교는 1999년 30학급으로 설립 인가를 받았다. 그 후 2003년 12월 교사(校舍)를 준공하고 그 다음 해 개교를 했다. 이 학교는 익산시의 영등동 일대 개발과 그에 따른 학생 수용을 위해 개교했다.

교가

서동의 혼이 서린 백제의 고도
금강물 출렁임에 모여든 인걸
우리들의 꿈과 희망 갈고 닦아서
하늘고일 우람한 기둥이 되어
이 겨레 이끌어갈 동량이어라
참되고 진실하리 어양의 건아

익산부천중학교

전라북도 익산시 동서로 524

익산부천중학교는 2002년 학교 설립 계획안을 제출, 같은 해 승인을 받았다. 이후 2008년 7학급 240명 편성으로 개교되었다. 이 학교는 부송동 일대 개발에 따라 개교한 학교다.

교가

푸르른 마백 옛터 노령봉 줄기
맑은 샘 꿋꿋한 소나무 등걸에
동녘이 밝아 온다 희망을 안고
배움의 높은 기상 기를 세웠다
아 장하다 그 이름 부천중학교
배우고 닦아서 길이길이 빛내자

60년대 후반이리남성국민학교 학생들의 배산소풍

익산시 초등학교

웅포초등학교

전라북도 익산시 웅포면 강변로 10-1

1958. 웅포초등학교

웅포초등학교는 1908년 사립 보명학교로 개교, 1918년 공립보통학교로 승격, 1941년 웅포국민학교로 개칭했다. 이후 2004년 웅북초등학교와 통폐합을 진행했다. 이 학교는 함라초등학교, 성당초등학교와 함께 2010년부터 모둠활동을 공동수업으로 진행하고 있다. 이를 통해 학교의 통폐합을 막는 대안으로 공동교육과정을 진행하고있다.
웅포초등학교는 2019년 마을 주민 김옥순(82세)씨, 박순덕(64세)씨의 입학을 허가했다. 이를 통해 지역의 평생교육기관으로서 초등학교 역할을 충실히 수행 중이다.

교가

함라산 힘차게 뒤를 밀어주고
세상에 이름 남길
우리 곰개를 빛내는 것은 어린새
싹들일세
씩씩하게 배우세 힘을 다하여

함라초등학교

전라북도 익산시 함라면 함라1길 66

1918. 함열공립보통학교 졸업기념

함라초등학교는 함라마을 유지였던 임천 조씨 가문의 뜻있는 사람들이 1908년 함께 설립한 사립 창명학교가 함라초등학교의 모태이다. 이후 1909년 사립 함열 보통학교에 이어 1941년 함라 공립초등학교로 개칭했다. 이 학교는 1999년 신남초등학교와 통폐합을 진행했다.

교가

노령의 한복판에 거룩한 영봉
나산줄 반석위에 터를 닦아서
우렁찬 종소리 들리는 아침
너도나도 배움터로 모여드누나
열심히 배워가는 명랑한 학원
영원히 빛내라 우리 함라교

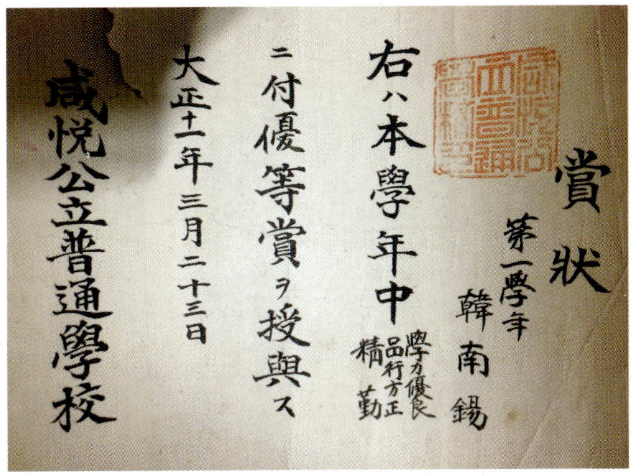

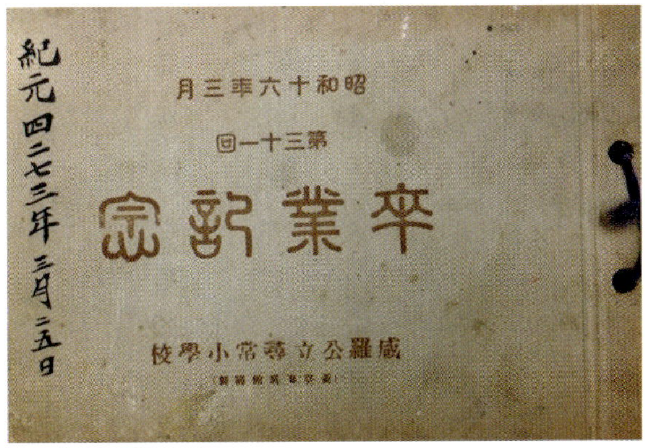

1935. 교재원을 일구는 함라초등학교 학생들(사진제공 : 김판용)

금마초등학교

전라북도 익산시 금마면 금마4길 38

제5회 금마초등학교 졸업생들. 칼을 찬 선생님이 무섭다.

금마초등학교는 1911년 9월 익산 공립보통학교로 개교되었다. 이 학교는 개교 당시 익창(益昌)학교와 사립 기성학교를 병합하여 개교 했다.
금마초등학교는 익산시에서 오래된 역사를 갖고 있는 초등학교다. 이는 당시 익산시의 중심이 어디였는지 보여줄 수 있는 좋은 객관적 자료라고 할 수 있다. 이 학교의 자리는 원님이 살던 '동헌'이 있던 자리이다.
금마는 유네스코 세계유산에 등재되며, 다시 주목을 받고 있다. 이에 이 금마초등학교 역시 다양한 프로그램을 비롯하여 과거의 영광을 재현하고자 노력하고 있다.

교가

질푸른 하늘 아래 산 둘레 같이
누리에 맺힌 사랑 호남에 번져
시냇물 굽이마다 이리는 뜻은
배우고 닦아내어 이름 빛내자
참되고 아름다운 진리의 요람
새롭게 이어가는 금마어린이

금마초등학교 제2회 졸업생들

1965. 익산초등학교 어린이날

금마초등학교 제22회 졸업식

1969. 금마초등학교 학생들의 미륵사지 소풍

금마초 보이스카우트 대원 전창기는 익산(익성)초등학교로 입학해서 5학년 때 금마초등학교로 통합되어 금마초 59회 졸업생이 되었다.

익산초등학교 13회 졸업생

익성(익산)초등학교는 사립이었는데 후일 금마초등학교와 통합하였다.

기억해야 할 학교 (사진제공 : 김판용)

2007. 여산남초등학교 마지막 식구들

2007.
여산서초등학교
마지막 학생들

2006. 영만초등학교

영만초등학교 스피커

1958. 황화초등학교의 모습
황화초등학교는 1930년 5월 5일 익산군 황화공립보통학로 문을 연 유서 깊은 학교이다. 1941년 황화공립국민학교로 개명하였다. 1963년 1월 1일 행정구역 개편으로 익산에서 충청남도 논산으로 편입되어 현재는 충청남도 논산시 연무읍 마전리에 있는 공립초등학교이다. 오래 전 이 학교 졸업생들은 익산 사람들이었다.

기억해야할 우리의 선생님들

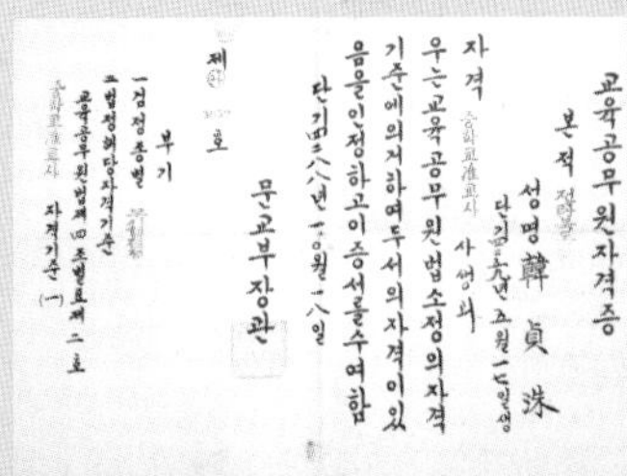

교육공무원자격증
본적 [illegible]
성명 韓貞洙
단기[illegible]년 [illegible]월 [illegible]일생
자격 [illegible] 사 [illegible]
우는교육공무원법소정의자격기준에의거하여두서의자격이있음을인정하고이증서를수여함
단기[illegible]년 [illegible]월 [illegible]일
문교부장관
제 [illegible] 호
부기
一검정종별 [illegible]
二법정해당자격기준 교육공무원법제四조별표제二호 [illegible] 자격기준(一)

한정수 교사의 교사자격증

1964. 제1기 국어과 연수회(사진제공 : 홍석영)

여산초등학교

전라북도 익산시 여산면 동헌길 14

1958. 여산초등학교

가람이병기선생 흉상과 시비

여산초등학교는 1912년 여산공립보통학교로 개교되었다. 1963년 여산남 초등학교가 분리 되었고, 1976년에는 여산서초등학교가 분리되었다.

이 학교는 인상적인 교가로 유명한 학교이다. 이 교가의 작사는 시조시인이자 국문학자인 가람 이병기선생이다. 가람 이병기 선생은 한성사범 졸업 이후 여산국민학교에 교편을 잡았다. 여산초등학교의 교가는 자신의 고향이자, 처음 교편을 잡은 가람 이병기 선생의 애정이 느껴진다.

교가

여산은 옛 고을 호남의 첫 고을
그 역사 몇 천 년 나리어 오면서
이렇다할만한 자랑은 없으나
그래도 우리는 못 잊는 이 고장
동접하는 동무들아 잘 배우고 잘
익히자

용안초등학교

전라북도 익산시 용안면 용안교동1길 6-1

1958. 용안초등학교

용안초등학교 개교는 사립 용안보통학교로 인가받은 것으로 첫 걸음을 떼었다. 이후 1912년 용안 공립보통학교로 개교, 1941년 용안 공립국민학교로 개칭했다. 이후 1950년 용안국민학교로 개칭, 2012년 개교 100주년 기념 행사를 진행했다.

용안초등학교는 2019 제106회 졸업식에서 누적 졸업생 8,178명을 배출했다. 이러한 오래된 역사만큼 이 학교는 많은 동문을 배출했다. 용안초등학교의 졸업생 중 몇 명을 소개하자면 우선 황금재(33회)는 한국전쟁 육탄 10용사 중 한 명이다. 지금은 고인이 된 전철환(38회) 전 한국은행 총재도 용안초등학교 동문이다. 이 밖에 임해정(43회) 전 군산대 총장, 이진수(49회) 국립암센터 원장 등을 배출한 학교이다.

교가

무학산 정기받은 어린새싹들
아늑한 보금자리 배움의 터에서
지인용삼 덕을 갈고 닦아서
이 나라 이 겨레 불기둥되세
아 잘자라라 용안초교
하늘높이 잘자라라 용안초등교

이리초등학교

전라북도 익산시 중앙로15길 20

1930년대 엽서 속 이리초등학교

2019. 이리초등학교

이리초등학교는 1915년 이리공립보통학교로 개교되었다. 1938년 4월 이리일출공립심상소학교로, 1941년 4월에는 이리일출공립국민학교로, 그리고 1946년 이리국민학교로 개칭하는 과정을 거쳐 1996년 이리초등학교로 명칭을 변경했다.

이리초등학교는 1913년 일본인 승려 오하시 쇼쿠조(大橋直洋)가 절에서 자영하여 온 사립 보통학교를 김인형(金仁炯)이 인계받아 공립으로 주선, 이리공립보통학교로 설립인가를 받아 개교 했다. 1915년 교지(校地)를 당시 익산군 이리읍 마동 260번지로 정하고 교사(校舍) 목조 1동(75평)을 낙성하였다. 교지는 당시 익산면장 이인직의 임야 1,000평을 기증 받았다. 이 학교는 익산시 마동에서 개교한 이래 주변 5개여 학교를 분가시킨 모(母)학교이다.

교가

배산에 피는 구름 마동에 뜨는 해
앞으로 바라보면 푸른 산 둘레
잊었던 옛모습을 도로찾은 그 자랑
유구한 숨은 전통 더욱 빛난다
이름도 의젓구나 정화의 요람
우리모교 이리초등 정화의 요람

1916. 이리초등학교 제1회 졸업생 2명

동아일보 1933.02.11 기사

교운익창(校運益昌)의 이리공보교(裡里公普校)

전북 3대 보교중의 1인 당교는 교사480평과 교지4,000여 평에 또 실습지 1,200평을 가지고 직원 14인,1 학급13, 생도900을 산하며 작업장과 온상 등 제시설 완비하야 교운은 날로 융창하는 중. 또한 동교 후원회에서는졸업생 중 유위의 인을 택하야 실지적 지도자를 양성하는 중. 신춘(新春)부터 직업과를 치하고 재학생과 졸업생으로 자립적 생활을 영위하기에 족케하리라 하며 작추(昨秋)부터는 100여 평의 대강당 건축실현을 위해 이리읍 재주자 총동원으로 기성회를 조직코 동 간부들의 활동으로 순조 진행 중 불원 일대 위관을 증첨하리라는 바. 김환 교장과 김현길 선생을 비롯하야 제직원의 혈성적 공노는 찬연하다.

1960.
이리초등학교
은진미륵 소풍

1939. 전북 학생 야구대회 우승

1942. 싱가폴 함락기념식에 강제 동원된 학생들

1932. 이리공립
보통학교 선생님들

1932.
이리공립보통학교
졸업사진

1961. 이리초등학교
45회 졸업식 아치
앞에 선 어머니들

194

1970년대 이리초등학교 고적대 퍼레이드

이리공립보통학교(현 이리초등학교)

본교는 일련종이리포교소 주임이었던 대교즉정(大校卽淨)이 1913(대정2)년 인가를 받아 설립하였다. 사립보통학교로 운영되어오다가 1915(대정4)년 3월에 익산군에서 학교를 계승하여 현재 직원은 분야에서 명성이 높은 교장 무내승일(武內勝一) 군 및 훈도 서광훈, 대용 교원 박재림 군 등이며, 생도 수는 남자 101인이다.

1915년 발간된『이리안내(裡里案內, 山下英爾 저)』

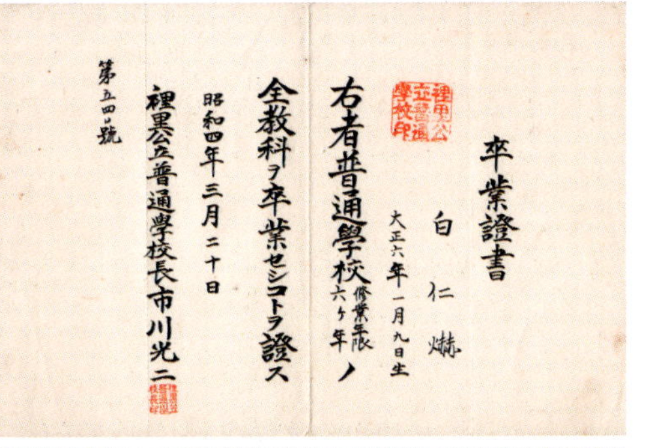
卒業證書

白仁爀

大正六年一月九日生

右者普通學校修業年限六ヶ年ノ

全教科ヲ卒業セシコトヲ證ス

昭和四年三月二十日

裡里公立普通學校長市川光二

第五四號

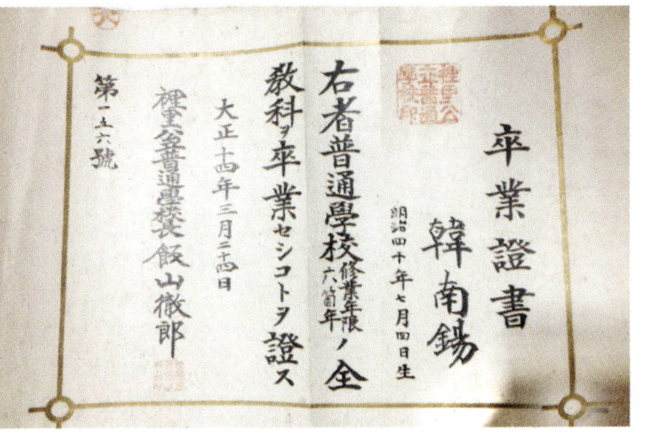
卒業證書

韓南錫

明治四十年七月四日生

右者普通學校修業年限六箇年ノ全

教科ヲ卒業セシコトヲ證ス

大正十四年三月二十四日

裡里公立普通學校長飯山徹郎

第一五六號

1975. 이리국민학교 졸업식

이리팔봉초등학교

전라북도 익산시 무왕로31길 10

팔봉국민학교 4학년 여자 15명 1940.12.3

1938. 팔봉국민학교

1921년 팔봉보통학교로 설립 개교되었다. 이후 1983년 이리시에 편입되고, 이리팔봉국민학교로 개칭되었다.
1996년에 이리팔봉초등학교로 교명을 개칭했다.

이리계문초등학교

전라북도 익산시 계문길 79-8

이리계문초등학교는 1921년 사립 계문보통학교로 개교했다. 이후 1948년 공립 이리계문초등학교로 개칭했다.
이 학교는 1918년 하정(荷汀) 김한규(金翰圭)가 당시 북일면 신리(新里) 새멸 김씨 제각에 신식 서당을 개설한 것이 모태이다. 당시 김한규는 학교설립을 결심, 신창학계(新昌學契)를 조직하여 계장(契長) 정진수(鄭鎭洙)를 추대하여 사립계문보통학교를 설립했다. 초대 교장은 김한규이다. 이후 운영난에 1947년 8월 공립학교로 전환되었다. 현재의 교사는 1963년 7월 30일 이전하였다.

삼기초등학교

전라북도 익산시 삼기면 황금로 523

삼기초등학교는 1922년 삼광사립보통학교로 개교하였으며 1925년 공립 삼기보통학교 인가를 받았다. 이후 이 학교는 1966년 석불분교장으로 독립 분리하였다.
삼기초등학교는 일제시대 1922년 당시 이 지방의 유지인 심원택, 최병주, 김회직, 양정희 등의 노력으로 신축교사(校舍)를 건립하고, 삼광사립보통학교를 설립 개교한 데에서 역사를 찾을 수 있다.
이 학교는 2017년부터는 전라북도교육청 마을학교 협력형 어울림학교로 지정되었다. 전라북도교육청은 농어촌 학교와 마을의 활성화를 위해 마을학교 협력형 어울림학교를 지정 운영하고 있다. 이를 통해 도시와 농촌 간의 교육격차 심화를 줄이는데 노력하고 있다.

교가

아침아 빛나라 미륵산 봉우리에
호남아 넓어라 배움을 심고 익혀
어린몸 잘자라 내 고장 굳센 일꾼
참되고 아름다운 삼기초등학교

오산초등학교

전라북도 익산시 오산면 오산로 38

1969. 오산초등학교
제45회 졸업기념

오산초등학교
제70회 졸업사진

1922년 4월 사립 오산보통학교로 개교되었다. 이후 1950년 오산국민학교로 개칭했다. 학교의 오래된 역사에서 알 수 있듯이 2019년 현재 이 학교의 누적 졸업생은 9,148명에 이른다.

오산초등학교의 개교는 당시 주민들의 교육열 덕분에 가능했다. 이 학교는 개교 당시 학교설립에 필요한 자금을 인근 각 마을 호구별로 조사하고, 그 기준에 맞춰 기부금을 부과하여 갹출했다.

함열초등학교

전라북도 익산시 함열읍 함열8길 2

1924년 4년제 함열사립학교를 설립하고, 1929년 함열공립보통학교를 개교하였다. 2019년 89회 졸업식을 통해 누적 졸업생 14,989명을 배출하였다. 이 학교는 1924년 함열 천도교당에서 설립하여, 1926년 현 교사(校舍)에 4년제 학교로 운영했다고 알려져 있다.

함열은 한 때 익산 군청 소재지로서 익산 발전을 주도하던 지역이었다. 함열초등학교와 울타리를 같이 사용하는 원광보건대 제2캠퍼스는 옛 익산군청의 건물이다. 함열초등학교의 교가는 고대와 근대를 관통하는 함열읍의 장소적 특징을 그대로 보여주고 있다.

교가

호남의 기름진 땅 널리 열린 곳
백제 땅 옛 터전에 세운 배움 터
하늘 뚫는 기상으로 힘차게 자라
세계를 품에 안을 큰 사람 되라
아아 장하다 함열의 학원
아아 대한의 자랑 함열의 건아

왕궁초등학교

전라북도 익산시 왕궁면 견우길 3

왕궁초등학교는 1925년 왕궁공립보통학교로 설립 인가를 받았다. 이후 2009년 학교종합평가 우수학교로 선정, 교육감 표창을 수상했다. 이후 2012년 작고 아름다운 학교를 운영하였다.

이 학교는 2018년 학생들 스스로 왕궁의 마을길 곳곳을 탐방하고 마을 주민들을 찾아가 직접 인터뷰 해서 만든 '오순도순 재미있는 마을 신문'을 발간하는 등, 지역의 역사를 학생들 스스로 이해할 수 있도록 유도하는 프로그램도 진행하였다.

교가

노령에 줄기 뻗어 아늑한 고장
서리는 맑은 정신 천지에 차니
백제의 슬기이어 더욱 빛나네
사랑과 정성으로 이룩된 학교
씩씩히 자라리라 왕궁어린이

춘포초등학교

전라북도 익산시 춘포면 춘포로 408

1942. 춘포초등학교 졸업사진

1958. 춘포초등학교

1923년 춘포공립보통학교로 개교되었다. 1938년에는 춘포공립심상소학교로, 1941년에는 춘포공립국민학교로 개칭하였다. 해방 직후 1945년 9월 24일에는 천서분교를 설치했다. 춘포초등학교는 1967년 36학급 편성으로 학교의 세가 가장 컸으나, 그 이후 취학 아동이 감소하고 있는 상황이다.
이 학교는 윤흥길 작가의 첫 직장(1964년 부임)으로도 잘 알려져 있다.

교가

동남을 멀리보니 노령줄기에
백두산 정기어린 모악영봉은
구름위에 솟은 모습 장엄도하다
슬기롭게 배우는 춘포 학생은
씩씩한 새 일꾼의 믿음이 있다

1970년대
춘포초등학교
어린이들

1972. 춘포초등학교 어머니 합창대회 우승기념

1975. 춘포면민 체육대회

현재의 춘포초등학교

203

낭산초등학교

전라북도 익산시 낭산면 우신길 142

낭산초등학교는 1927년 낭산공립보통학교로 개교되었다. 이후 1940년 낭산공립국민학교로 개칭했다.

이 학교는 1925년 당시 이 지방 청년들이 조직한 진흥회에서 동창학원을 설립하여 당 회장 윤화중이 원장이 되어 낭산공립보통학교 창립 기성회를 조직하여 진흥회관에서 63명의 학생을 교육한 것이 이 학교의 모태이다.

교가

호남벌의 제일성 마한옛터에
개척의 푸른꿈이 메아리친다
두 손잡고 일하며 힘껏 배워서
내일 위해 전진하는 낭산어린이
알차게 가꾸리라 우리낭산교

망성초등학교

전라북도 익산시 망성면 여강로 903

망성초등학교는 1929년 망성공립보통학교로 개교하였다. 이후 1938년 망성공립심상도학교로 개칭하고 1949년 성북초등학교 분리 개교, 1955년 성남초등학교 분리 개교 했다. 망성초등학교는 2016년 전라북도교육청 지정 어울림학교 1기, 2018년 2기를 진행했으며, 2018년 11월 제19회 '아름다운교육상' 학교부문 최우상을 수상했다. 2019년 86회 졸업식을 개최했으며, 누적 졸업생은 6,096명이다.

이 학교는 성북초등학교와 더불어 강경을 지척에 두고 있는 학교로 몇 년 전부터 폐교의 위기에 몰려 있다. 이에 이 학교는 위기를 극복하고자 2015년 지역사회와 함께하는 정월대보름행사, 마을 농장을 활용한 생태교육계획을 세우며 마을 협력형 어울림 학교로 거듭나기 위해 노력하고 있다.

교가

미륵에 피는 햇살 높이 받들어
새 아침 새 희망이 열리는 망성
누리를 일깨우는 맑은 종소리
그 소리 그 빛으로 자라는 우리
길이길이 빛나거라 그 이름 망성
온 세상 밝혀주는 횃불이 되리

황등초등학교

전라북도 익산시 황등면 황금로 17-6

황등초등학교는 1927년 황등보통학교로 개교되었다. 이후 1971년 황등남국민학교와의 분리를 거치고 1996년 황등초등학교로 개칭했다. 개교 당시 이 지역 유지 석치운(昔治雲)이 5,000여평의 논을 기부했으며, 1957년 황등석으로 본관을 신축하여 당시 우리나라 최초의 초등학교 석조건물을 완성했다.

교가

미륵산에 솟은 햇살 담뿍 안고서
우뚝 솟은 배움의 집 우리 황등교
우렁찬 종소리에 손에 손잡고
다투어 모여드는 황등의 건아
우리는 힘을 써 배우고 익혀
나라의 빛이 되어 꽃을 피우리

성당초등학교

전라북도 익산시 성당면 성당로 354-16

성당초등학교는 1937년 익산 성당국민학교로 설립, 개교되었다. 학교의 위치는 익산시 성당면 갈산리에 있다. 이 학교는 1963년에는 금성국민학교를, 1971년에는 남성국민학교를 독립 분리했다.
성당초등학교는 2011년 익산 희망연대에서 주최한 '익산의 숨은 보물을 찾아라' 공모전에서 시민들이 공모한 142개 숨은 보물 중 농촌교육의 대안을 제시하는 것을 높게 인정받아 익산의 숨은 보물 30선에 선정되었다.

교가

금강의 푸른 물결 굽이쳐 흘러
오곡이 풍성한 호남평야에
아담한 요람의 터 여기있나니
그 이름 신성하다 성당의 학원
길이길이 빛내자 성당초등학교
길이길이 빛내자 성당초등학교

흥왕초등학교

전라북도 익산시 용동면 흥왕1길 17

흥왕초등학교 탁구부

흥왕초등학교는 1937년 흥왕공립보통학교로 편성 인가받아 개교되었다. 이 학교는 전라북도와 충청남도의 도계 주변에 있고, 논산(강경), 망성면, 용안면, 낭산면의 면계와 가까이 붙어있다. 흥왕초등학교는 오래된 역사에 비해 현재 농촌인구의 감소에 따라 재학생 역시 감소하는 추세를 보이고 있다.

이리북일초등학교

전라북도 익산시 동서로19길 100

1938년 4년제 공립 소학교로 개교했다. 이후 1974년 이리북일국민학교로 교명이 개칭되고, 1996년 이리북일초등학교로 재개칭 되었다. 2019년 현재 76회 졸업식을 개최했고, 누적 졸업생은 11,741명이다.

천서초등학교

전라북도 익산시 춘포면 천서길 221

천서초등학교는 1938년 춘포 제2심상소학교로 개교되었다. 이후 1941년 천서국민학교, 1996년 익산천의 서쪽에 위치한다 하여 천서초등학교로 개칭했다.

교가

용화산 정기 내려 안내들여니
이 곳은 마한 옛터 곡창이 있다
모여라 구명산의 배움터로
이 나라 빛내리라 천서의 건아

오산남초등학교

전라북도 익산시 오산면 남전1길 27

1939년 오산 제2공립심상소학교로 설립 인가를 받았다. 이후 1943년 오산남공립국민학교로 개칭되었고, 현재는 6학급 99명의 학생이 수업을 받고 있다. 오산면은 본디 만경강의 조수 유입으로 농사를 짓기 어려운 땅이었다. 일제는 만경강에 둑을 쌓고 땅을 개척하여 논을 만들었다. 그리고 오산은 익산에서 일제의 미곡수탈 지역으로 전락한다. 이 학교의 교가에서도 오산면의 역사를 찾을 수 있다. "개척의 정신으로 터전을 이루니"는 오산면 조선인 민초들의 생명력과 한숨을 동시에 느낄 수 있는 대목이다.

교가

미륵산 정기 뻗어 여기 머물고
만경강 굽이쳐서 기름진 남전
머리와 팔다리를 아울러 키울
개척의 정신으로 터전이루니
그 이름 빛 나거라 오산남초교

용남초등학교

전라북도 익산시 용안면 입산길 13

용남초등학교는 1945년 용안국민학교 송산분교로 설립되었으며, 1957년 용남국민학교로 승격 개교했다. 이후 2002년 한국서예연구회 전북지회 주최 한글날 기념 제23회 전국학생붓글씨대회에서 우수한 성적을 거두어 공로패를 수상했다. 이후 서예교육을 꾸준히 진행하여 2012학년 제7회 온고을 학생서예 휘호대회의 최우수상을 배출했다.

이리동산초등학교

전라북도 익산시 평동로23길 46

1958. 이리동산초등학교

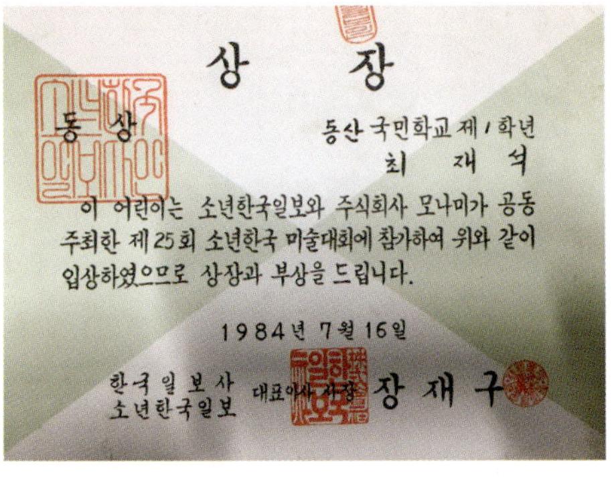

상 장

동 상

동산국민학교 제1학년
최 재 석

이 어린이는 소년한국일보와 주식회사 모나미가 공동 주최한 제25회 소년한국 미술대회에 참가하여 위와 같이 입상하였으므로 상장과 부상을 드립니다.

1984년 7월 16일

한국일보사
소년한국일보 대표이사 사장 장 재 구

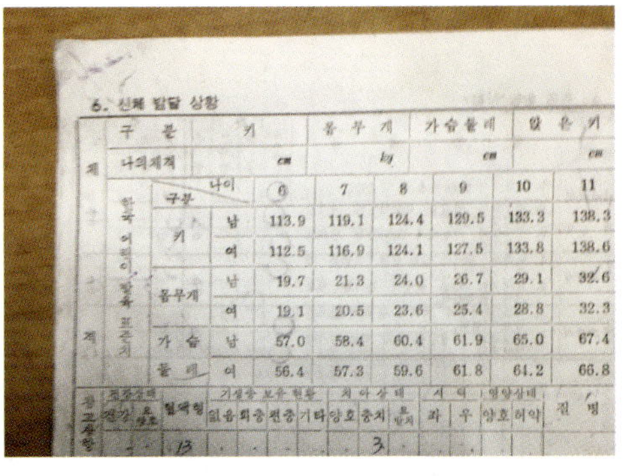

6. 신체 발달 상황

구분		6	7	8	9	10	11
키	남	113.9	119.1	124.4	129.5	133.3	138.3
	여	112.5	116.9	124.1	127.5	133.8	138.6
몸무게	남	19.7	21.3	24.0	26.7	29.1	32.6
	여	19.1	20.5	23.6	25.4	28.8	32.3
가슴둘레	남	57.0	58.4	60.4	61.9	65.0	67.4
	여	56.4	57.3	59.6	61.8	64.2	66.8

1941년 이리대화공립보통학교로 개교했다. 이후 1992년에는 이리동남초등학교, 2005년에는 옥야초등학교 신설·개교에 따른 학구조정을 단행했다. 2019년 현재 누적 졸업생 22,163명을 배출했다. 현재는 특수학급 1개 포함 31개 반 794명의 학생이 수학하고 있다.

교가

만경강 굽이치는 기름진 호남들에
우렁찬 기적소리 우리의 기상이요
겨레의 횃불들고 슬기롭게 배우자
씩씩하게 자라는 우리 동산벌

이리중앙초등학교

전라북도 익산시 인북로 77

1930년대 이리공립소학교운동회 기념엽서 사진.

이 학교는 일제시대 일본인 자녀들의 교육을 위해 1910년경에 설립한 이리공립심상소학교자리에 해방 후 1945년 이리초등학교(당시 일출국민학교)에서 15학급을 분리하여 분교 형식으로 운영한 것이 이 학교 역사의 시작이다. 그 후 1946년 이리중앙국민학교로 정식 개교했다. 학교가 시내 중심에 있어서 잘 사는 학생들이 다니는 학교로 알려진 시절이 있었다. 일제강점기 시절에 이 학교에는 풀장이 있었다 한다.

교가

드높고도 아늑한 이리의 중앙
여기는 우리들의 보금자리다
배우고 배우면서 자라고 자라
당당한 대한나라 일꾼이 되자

211

1970년대 이리중앙초등학교 고적대 퍼레이드

1963. 이리중앙초등학교 졸업생

1964. 이리중앙초등학교의 조개탄 난로가 있는 산수시간

이리공립심상고등소학교(현 중앙초등학교)

1912년(명치45) 3월 개교하였다. 최초의 생도 수는 겨우 수명에 불과하였고, 교사는 민가로 충당하였는데 현 김제심상고등소학교장인 병송무(並松茂)가 옮겨와 교육을 맡아 담당하였다. 당시 이리는 인구의 증가에 따라 교육이 필요한 아동이 증가하였고, 협소한 민가로는 도저히 수용할 수 없는데 이르러 수백 원을 투자하여 같은 해 가교사를 신축하였고, 이어서 1913(대정2)년 본 교사를 증축하였고, 1914(대정3)의 신학기에는 고등과를 설치하는데 이르렀다. **1915년 발간된『이리안내(裡里案內, 山下英爾 저)』**

이리신흥초등학교

전라북도 익산시 하나로3길 10

이리신흥초등학교는 1946년 북일국민학교 동부 분교장 인가를 받고 1957년 신흥국민학교로 승격 개교했다. 이후 1974년 이리신흥국민학교로 교명을 변경하였다.

교가

호남벌 넓은 터전 발판을 삼고
오늘의 밝은 삶을 이루어 가는
우리는 명예로운 새나라 기수
굳세고 슬기로운 신흥의 건아

왕북초등학교

전라북도 익산시 왕궁면 금광길 54-12

왕북초등학교는 1946년 왕궁국민학교 용남 분교장 설립 인가를 받아 1949년 왕북국민학교로 개교되었다.
이 학교는 익산에서 유일한 연극교육 활성화 학교로서 2015년 전국연극대회 장관상인 '대상'을 수상했다. 그리고 혁신학교 4년차인 2017년에는 '찾아가는 전북어린이 연극제'에 참가했다. 이 학교의 학생들은 연극을 통해 소극적인 성격을 개선하고, 성취감을 느끼는 등교과 수업뿐만 아니라 다양한 인·적성 교육을 진행하고 있다.

미륵초등학교

전라북도 익산시 금마면 용순길 243

미륵초등학교는 익산시 금마면 용순리에 있는 초등학교이다. 이 학교는 1947년 금마초등학교 미륵분교로 개교했다. 이후 1989년 이리시 교육청 연구학교로 지정, 2009년 사교육 없는 학교, 2010년 전라북도교육청 사교육 없는 학교 연구학교로 지정되었다.

이리삼성초등학교

전라북도 익산시 하나로15길 17-7

이리삼성초등학교는 1946년 삼성국민학교 건립 기성회가 설립되어, 1947년 삼성국민학교로 설립 인가를 받았다. 이후 1983년 행정구역이 개편됨에 따라 이리시 편입으로 이리삼성국민학교로, 1996년에는 이리삼성초등학교로 개명되었다.

이 학교 개교 당시 주변에 학교가 없어서 8km 떨어진 팔봉초등학교로 통학을 해야 했다. 그러던 중 홍수로 외나무다리를 건너던 두 학생이 실족하여 익사하는 사고가 발생했다. 이에 이 고장 유지 권은노가 1944년 창고를 빌려 성인교육을 하다가 해방 이후 초등학교를 세웠다는 기록이 있다.

교가

미륵산 높이 솟은 그 하늘에서
삼형제 별 내려와 자리 잡은 곳
월성 임상 정족리 세 마을이
힘을 모아 이룩하니 우리 삼성교

성북초등학교

전라북도 익산시 망성면 신작길 17-5

익산 최북단의 초등학교이다. 익산 시내보다 강경 읍내가 더 가깝다.
1947년 망성초등학교 수월분교장 인가를 받아 학교가 설립되었다. 이후 1950년 성북초등학교로 승격되었다. 이 학교의 교가를 살펴보면 학교의 시공간적 정체성을 찾을 수 있다. 이 학교 아래에는 평야가 펼쳐져 있고, 서쪽에는 금강이 흐른다. 현재는 6학급 31명의 학생이 재학 중이다.

교가

백마강 금물줄기 팔에 안겨서
호남평야 한가락에 펼쳐진 고을
해마다 풍년이 찾아드는데 새나라 기둥되려 애쓰는
우리 배움의 이 동산이 장하구나야
빛나는 우리낙원 성북초등학교

이리고현초등학교

전라북도 익산시 선화로23길 44

1949년 이리고현국민학교로 개교했다. 이후 1993년 이리서초등학교로 5학급이 분리되었지만 2019년 현재 누적 졸업생 12,940명의 역사 깊은 명문 초등학교이다.
본디 익산시의 중심지역은 옥야현 지역으로 치소는 모현동, 지금의 이리고현초등학교 아래에 있었다. 이 학교의 명칭이 고현(古縣)인 이유는 바로 여기에 있다.

교가

배산의 푸른뫼는 우리의 기상
머리에 이르는 햇살 새날을 밝혀
호남의 넓은벌에 열리는 포부
누리에 펼치거라 새빛이어라
슬기와 건강으로 가꿔진 학원
정다운 새일꾼들 그 이름 고현

이리송학초등학교

전라북도 익산시 학곤로 57

1949년 이리송학초등학교로 설립 인가를 받았다. 이후 같은 해 이리중앙국민학교에서 3학급을 분리 편성을 받아 개교했다. 2019년 현재 68회 졸업식을 통해 누적 졸업생 10,272명을 배출했다. 이 학교는 개교 이래 송학동, 모현동의 개발에 따른 모현동 일부의 초등교육을 담당하고 있다.

교가

솔마을 옛 터전에 솜리땅 열려
사랑을 심어왔다 호남 벌녘에
솔바람 맑은하늘 학이 모이듯
천년을 노래하며 날개펴리라
아 송학 슬기로운 그 이름으로
알차게 세워가리 우리의 깃발

용산초등학교

전라북도 익산시 황등면 용산로 193

용산초등학교는 1949년 용산분교장으로 설립되었으며, 1954년 용산국민학교로 승격 개교했다. 2019년 제64회 졸업식에서 누적 졸업생 3,183명을 배출했다. 이 학교는 2015년 지역 공동체와 함께 학교 벽화 그리기 및 담장 도색 행사를 실시하는 등 지역과 함께 호흡하고자 노력하는 학교이다.

이리남초등학교

전라북도 익산시 번영로 2040-9

1951년 이리송학초등학교 목천분교장으로 개교했다. 이후 1953년 이리남국민학교로 개교한 이래 현재 6학급 33명이 이리남초등학교에서 수학하고 있다. 현재까지 누적 졸업생은 약 2600여 명이다.
교가에서 알 수 있듯이 이 학교는 만경강 위쪽에 자리하고 있다. 예컨대 지금은 끊어진 목천포다리를 지척에 두고 있는데, 이 다리는 한때는 익산과 김제의 관문이었다.

교가

만경강의 줄기 따라 달려도 좋다
언제나 푸른 꿈이 가득도하다
여기가 나의 고향 익산의 관문
배움의 보금자리 이리남초등

다송초등학교

전라북도 익산시 함열읍 익산대로 1351

다송초등학교는 1950년 다송공립학고로 설립인가를 받았고 1959년 다송국민학교로 승격 인가를 받았다.
이 학교는 소질과 적성을 개발하는 감성 교육(끼 찾기), 새롭게 탐구하는 창의 교육(꿈 이루기), 배려와 나눔을 실천하는 인성교육(행복 나누기), 몸과 마음이 튼튼한 건강교육(건강 담기)를 학교 교육의 목표로 삼고 교육하고 있다.

용성초등학교

전라북도 익산시 낭산면 하맹길 183

용성초등학교는 1960년 낭산국민학교 구룡분교로 개교했다. 이후 1961년 용성국민학교로 승격되었다.
이 학교는 2018년, 2019년 2년 연속 공군참모총장배 전국드론레이싱대회에서 2년 연속 우승을 차지하는 등 최정상의 자리를 지키고 있다. 이는 이 학교가 곧 꿈을 가꾸는 진로탐색 교육, 꿈을 찾는 방과 후 학교 교육, 지역사회의 다양한 지원을 활 용한 마을교육과정, 사계절 마을 체험활동 등 특색교육 사업의 성과라고 할 수 있다. 용성초등학교는 지역인구의 노령화와 그에 따른 규모 학교의 축소 를 극복할 수 있는 지역 초등교육의 대안을 제시하고 있다.

교가

마한의 옛 성터 미륵산 정기타고
호남벌 펼쳐지는 우리들 보금자리
튼튼한 몸을 길러 나라의 기둥되어
나라의 부름받아 충성을 다하여
영원히 빛내는 우리의 용성학교
우리의 용성학교

이리남창초등학교

전라북도 익산시 인북로 171

이리남창초등학교는 1963년 개교했다. 1968년 2월 1회 졸업생 197명을 배출한 이래 2019년 누적졸업생 10,814명을 배출했다. 이 학교는 2011년 학교 공원화 사업을 하는 등 지역과 함께 호흡하고 이바지하고자 노력하는 학교이다.
이리남창초등학교는 현재 7개 학급에서 120명 학생이 수학하고 있다.

교가

마한백제 오랜 문화 꽃 피던 자리
만경강 푸른물결 물정기 모아
배움의 높은 이상 자락을 펼쳐
돋는해 아침놀에 활개를 친다
해도달도 복을비는 빛나는 풍경
내 나라 크게 빛낼 우리 글 동산

이리석암초등학교

전라북도 익산시 서동로46길 119

이리석암초등학교는 1946년 11월 팔봉초등학교 석암분교장 설치인가를 받아 1963년 석암국민학교라는 명칭으로 개교했다. 이후 1984년 춘포초등학교 인수 분교와 통폐합을 거쳤다.
이 학교는 이 고장의 유지 박태량이 설립한 금남학원에서부터 출발한다. 금남학원은 설립 후 10년 동안 박태량이 운영하다가 1932년 이문호가 인계, 해방 이후 팔봉초등학교 석암분교로 인가받았다.

교가

미륵산 정기어린 배움의 요람
반석에 꿈을 심는 대한의 아들
착하고 성실하게 배우고 익혀
그 이름 빛내자 석암초등학교

석불초등학교

전라북도 익산시 삼기면 진북로 267

석불초등학교는 1964년 삼기초등학교 석불분교장, 1967년 석불국민학교 설립 인가를 받았다. 이 학교는 2007년 환경부 주관 도 지정 시범학교 전국 최우수 학교로 선정 환경부장관 표창을 수상했다.
석불초등학교는 연동리 석불좌상으로 유명한 석불사와 담장을 함께 쓰고 있다. 익산시의 많은 초등교육기관이 그러하듯이 학교 역시 폐교의 위기에 처해 있다. 현재 전교생은 불과 18명이다.

용북초등학교

전라북도 익산시 용안면 용북로 81

용북초등학교는 1964년 용안국민학교 용북 분교로 인가를 받고, 1967년 용북국민학교로 승격 개교했다.
이 학교는 현재 특색사업으로서 1인 1악기 연주 능력을 배양하는 교육을 진행하고 있다. 이를 통해 다양한 문화활동을 즐기는 어린이 육성에 노력하고 있다.

교가

용안의 횃불 밝혀 줄 일꾼
면면히 자라나올 복된 터전에
문필봉 정기받아 세워진 학교
아 빛나거라 우리의 용북

영만초등학교

전라북도 익산시 오산면 선화로4길 42-9

영만초등학교는 1967년 오산초등학교 영만 분교 설립 인가를 받고, 1968년 영만국민학교 설립 인가를 받아 1968년 개교했다.
이 학교는 모현동의 개발과 그에 따른 주변 부지의 확장에 따른 인구유입에 대응하기 위해 현재 위치(오산면 장신리)로 교사(校舍)를 신축 이전했다. 그리고 영만초등학교가 이전되기 전 사용하던 부지는 2019년 2월 익산맑은샘유치원으로 개원되었다.

교가

호남벌을 지켜주는 푸른산처럼
내 고장을 알뜰하게 세울 우리들
스스로 공부하고 서로도와서
새역사를 창조하는 영만어린이
내 고장 등불이다 우리 영만교

황등남초등학교

전라북도 익산시 황등면 황등서로 44

황등남초등학교는 1970년 황등초등학교 남분교로 개교했다.
이 학교는 2013년 전북도민체전 탁구 단체전 우승을 차지했다. 이는 2013 도민체전 최대 이변이었다. 왜냐하면 이 학교의 탁구팀은 순수 동아리팀이었기 때문이다. 이후 이 학교의 탁구팀 동아리팀은 2015년 교육감배 학교스포츠클럽 탁구 우승을 차지했다.

교가

푸른 하늘 마시며 넓은 들을 달려서
화강암의 굳센 의지 배우고 익혀서
건강지혜 용기로 인류공영 높은 뜻
빛 되어 이루리라 황등남초등학교

이리북초등학교

전라북도 익산시 인북로58길 11

이리북초등학교는 1974년 개교하였다. 이후 2015년 부터 원도심학교, 2019년 부터 혁신학교를 운영하고 있다.
이리북초등학교는 몸과 마음이 건강한 어린이, 스스로 행복한 삶을 가꾸는 힘을 가진 어린이, 더불어 행복한 삶을 나누는 꿈을 가진 어린이라는 교육목표 아래 특수학급 1개 반을 포함 13개 학급에서 243명의 학생들이 수학하고 있다.

교가

소라산 고요한 여명에
청운의 뜻을 높이 세우고
조상의 충효정신 물려받고 힘을 기르자
민족중흥 이루어 우렁찬 행진 메아리치네
우리는 강물처럼 뻗어가며 굳세게 큰다
아~ 영원히 우람하여라
이리의 북극성 북초등학교

왕궁남초등학교

전라북도 익산시 왕궁면 학호길 12

왕궁남초등학교는 1976년 개교했다. 왕궁남초등학교는 1963년 삼례 영신국민학교 시온분교로 인가되어 1963년 개교 하였다가, 1967년 재단법인 영신학원의 해산으로 폐교하였다. 이후 1967년 왕궁초등학교 온수분교로 인가, 1975년 왕궁남국민학교로 개교했다.
이 학교는 전라북도 익산시 왕궁면 온수리에 있는 공립초등학교이다. 호남고속도로 삼례 IC와 직선거리로 약 300여 미터 거리에 있다.

이리동초등학교

전라북도 익산시 동서로51길 57

이리동초등학교는 1980년 9월 개교하였다.
1975년 익산에 이리공업단지가 조성되었다. 그에 따라 이곳에 근무하는 기술진 가족들을 안주시키기 위해 아파트가 건설되었다. 따라서 이 학교는 기술진 가족들의 자녀들을 수용하기 위해 만들어진 학교이다.

교가

동녘에 솟아오른 아침의 햇살
이 배움의 보금자리 시기도 차다
내일의 역군들이 힘써 배우니
새롭게 자라나는 대한의 새싹
아 꽃피워라 영등의 학원
아 높아져라 이리동초교

이리동북초등학교

전라북도 익산시 고봉로 190-3

이리동북초등학교는 1983년 9월 개교했다.
이 학교는 1993~1994년 전라북도지정 환경교육 시범학교, 1995~1996년 전라북도지정 미술교육 시험학교로 운영되었다. 이후 1997년 12월에는 익산시 지정 교통안전교육 시범학교로 운영, 보고하였다. 이후 2009년 교육복지투자우선사업 학교로 선정되었다.

교가

미륵산 정기서린 물 맑은 이 자락에
높푸른 꿈을 안고 샛별들이 모였다
지덕체 하나되어 갈수록 힘찬 도약
새역사 세워나갈 요람이니
아 그 이름 동북 마음의 고향
아 동북초등학교 영원하리라

이리서초등학교

전라북도 익산시 익산대로 213

이리서초등학교는 1983년 이리서국민학교로 개교하였다. 이후 1994년 3월 교육부지정 교과형 도서 실험연구학교로 지정되었다.
이리역폭발사고는 익산 교육에도 많은 영향을 끼쳤다. 이 사고 시 당시 남성여고의 교실 일부가 파손 되었는데, 당시 교실을 개·보수 하는 것보다 신축의 견이 더 많았다. 이에 남성여고가 현 부지로 옮겨감에 따라 기존 부지에 이리서초등학교를 개교한 것이다.

1990년대 이후에 개교한 초등학교들

익산시는 1990년대 영등동에 대규모 택지개발을 진행했다. 그 결과 영등동에 대규모 신시가지가 조성되고 대단위 아파트가 들어섰다. 익산시의 인구 역시 현재 중앙동 일대에서 영등동으로 자연스럽게 이동했으며, 영등동의 인구는 2000년 7만 여명에 달했다. 이에 영등동의 인구증가에 따른 초등교육기관의 과대과밀현상은 피할 수 없게 되었다. 이에 영등동의 교육여건을 개설하기 위해 1990년대 초등교육기관의 설립과 개교가 진행되었다.

모현동의 경우 익산시는 2003년 4월 모현동 일대 14만 여 평의 부지를 포함하는 대규모 택지 계획을 발표·진행했다. 이에 따라 익산의 인구와 상권은 모현동 중심의 서부권으로 급속히 이동하였으며, 2019년 현재까지도 모현동 개발은 진행되고 있다. 이러한 모현동의 개발로 인한 인구 증가에 발맞춰 모현동에는 새로운 학교들이 속속 개교하거나 개교를 준비하고 있다. 이후 기술하는 초등학교는 영등동·모현동 인구 증가에 따른 신설학교다. 다만 옥야초등학교는 동산초등학교의 과대과밀학교를 해소하고 교단선진화 및 교육여건을 획기적으로 개선하기 위해 개교한 학교이다.

이리동남초등학교

전라북도 익산시 동천로7길 18

이리동남초등학교는 1992년 9월 17개 학급으로 개교했다. 이 학교는 2016년 혁신학교로 선정되며 공교육의 새로운 모델을 창출하는데 앞장서고 있다.

교가

금강벌에 부는 바람 가슴에 안고
새아침의 기적소리 메아리치는 곳
거룩한 뜻 갈고 닦는 배움의 전당
우리 모두 손잡고 한데 모였다
가꾸자 빛내자 동남초등학교

이리신동초등학교

전라북도 익산시 무왕로 981

이리신동초등학교는 1992년 9월 개교했다.
이 학교는 신동에 아파트단지가 들어서면서 학생의 증가에 따라 개교했다.

교가

미륵산 정기받아 이룬 배움터
비단물결 넘실대는 기름진 이 곳
솔리땅 한몸에 안고 배우는 우리
강물처럼 푸르리라 대한의 새싹
아 굳세어라 달님과 해님처럼
아 평화의 동산 신동초등학교

이리모현초등학교

전라북도 익산시 배산로14길 12-4

이리모현초등학교는 1996년 3월에 개교했다.

교가

호남별 하늘 바람 가슴에 안고
세계로 뻗어가는 배달의 기수
일곱 빛 무지개로 여기 모였다
겨레의 꽃이어라 대한의 건아
우리는 한 형제로 한마음 되니
그 이름 꽃피우리 모현어린이

이리부송초등학교

전라북도 익산시 부송로2길 27

이리부송초등학교는 1994년 19학급을 편성하여 개교했다.

교가

미륵산 높은 정기 한아름 안고 늘 푸른 새싹들이 함께 모여서
바르고 씩씩하게 배우는 우리 희망찬 새나라의 일꾼되리라
그 이름 자랑스런 부송어린이
빛내자 길이길이 부송의 요람

이리부천초등학교

전라북도 익산시 부송1로 32

이리부천초등학교는 1997년 3월에 개교했다.

교가

미륵산 정기 받아 우뚝선 우리
꽃처럼 아름답고 해같이 밝게
큰 희망 키워가는 부천의 동산
착하고 슬기롭게 푸른 꿈을 가꾸자
찬란하게 빛나라 우리의 요람
영원히 빛나라 부천의 학원

이리영등초등학교

전라북도 익산시 동서로41길 37

이리영등초등학교는 1997년 3월 이리동초등학교에서 분리하여 개교했다.

교가

마한의 얼이 서린 영등언덕에
배움의 터전 열어 모인 형제들
한마음 뜻을 모아 큰나무 되어
찬란히 빛내리라 영등초등학교

이리마한초등학교

전라북도 익산시 무왕로17길 47

이리마한초등학교는 2000년 3월 개교했다.

교가

찬란한 마한문화 이어받아서
새천년 원년에 일어선 우리
건강하고 바르게 힘을 길러서
세계의 역군되자 마한 어린이

229

이리백제초등학교

전라북도 익산시 궁동로 29

이리백제초등학교는 2000년 개교했다.

교가

백제 숨결 이어받아 되새기면서
새천년을 이어나갈 백제 어린이
바르게 생각하고 행실도 바르게
새롭게 가꿔가자 우리 백제교

익산어양초등학교

전라북도 익산시 하나로10길 23

익산어양초등학교는 2001년 14학급으로 개교했다.

교가

미륵산 우뚝솟은 마한옛터에
미래를 열어나갈 어양 어린이
재능을 키워가며 행실도 바르게
아 받들어 빛내리 어양초등학교

익산가온초등학교

전라북도 익산시 선화로1길 106

익산가온초등학교는 2017년 개교했다.

교가

아름다운 시간 친구가 되어 예쁜 꿈을 꾸는 우리학교
푸른 나무처럼 무지개처럼 저 하늘의 꿈을 그려요
나를 더 사랑하고 친구들을 이해하며 참 좋은 사람 되어
배움을 키워가고 가르침 감사하는 세상의 가온이 되어
우리 마음 속엔 희망이 있죠 나누며 커가요 사랑해요
매일 하루하루 소중한 시간 마음을 나눠요 함께 해요

익산궁동초등학교

전북 익산시 무왕로25길 26

익산궁동초등학교는 2003년에 개교했다.

교가

노령의 정기 어린 궁동 옛터에
착하고 슬기롭게 자라는 우리
즐겁게 공부하며 꿈을 가꾸는
아 자랑스런 우리 궁동교

익산옥야초등학교

전북 익산시 옛둑2길 52

익산옥야초등학교는 2005년 개교했다.

교가

호남의 으뜸이라 기름진 평야
배움의 터전닦아 세워진 학교
푸른꿈 건져올려 크게 빛나자
영원히 빛내자 익산옥야초등학교

익산한별초등학교

전라북도 익산시 부송1로 115

익산한별초등학교는 2006년 개교했다.

교가

미륵산 정기서린 한별 동산에
밝은 내일 열어나갈 배움의 요람
몸튼튼 마음튼튼 곧고 바르게
새나라의 기둥으로 힘껏 자라자
아름다운 넓은 들 가슴에 안고 세계
로 뻗어가는 한별 어린이

신문기사에 나타난 이리·익산 교육 연보

1908. 09	사립 창명학교 개교(함라초등학교 전신)
1908.10.03	전북 익산군 사립 기영학교 사(師) 윤정모씨가… [황성]
1908.11.01	전북 익산군 사립 익창학교를 건설 [황성]
1911.09	금마공립보통학교 개교(금마초등학교의 전신)
	오산공립심상소학교 개교(오산초등학교의 전신)
1912.03	이리공립소학교(현 중앙초등학교) 설립
	이리공립보통학교(현 이리초등학교) 설립
1916.11.21	이리에서: 익산야학회 설립 [매일]
1920.08.22	사립 삼광교(三光校) 설립 [매일]
1921.02.28	익산군 6개소 보통학교 지원자격증; 7백여 명으로 연령 및 구역을 제한하여 정원만을 모집하매 탈락자 부형 비평 자자 [동아]
1921.07.10	북일면 야학회 신설 [동아]
1921.09.04	만석리 노동야학회 설립 [동아]
1921.09.12	북일면에 사립보통학교 기성총회 개최 [동아]
1921.12.09	신설할 농림학교, 개교위치는 이리로 확정, 해각 전북지사담 [매일]
1922.01.03	신용리 야학 설립 [동아]
1922.05.17	이리농림교 개학 [동아]
1922.07.22	광희여숙학숙회 [동아]
1922.09.20	망성학교 유지 상황 [매일]
1922.11.19	이리공보(公普)교 운동회 [동아]
1922.11.19	광희유치원 개원식 [동아]
1923.02.18	용안공보(公普)(公普) 맹휴후보 [동아]
1923.03.01	이리유치원 음악회 [동아]
1923.04.02	익산군 황등사립계동교에서 중앙기독교청년회의 활동사진 대초청 [동아]
1923.04.04	이리 입학난 구제책, 이리공보(公普)에 교실1동 증축키로 결정 [동아]
1923.04.07	이리공보(公普)(公普)학부형 분개 [동아]
1923.04.28	왕궁학교 신설, 익산군 왕궁면에 [동아]
1924.03.23	익산군 내 보교(普校)연합 운동회 [동아]
1924.03.23	부인강좌 설치, 이리광희여숙에서 [동아]
1924.10.26	여산공보(公普) 운동회 [매일]
1924.12.22	이리농교 도청 이관 반대, 위원이 상경 진정 [매일]
1925.01.18	익산노동야학 발전 [동아]
1925.03.14	이리야학 신설, 15일부터 [동아]
1929.05.	함열공립보통학교 개교(함열초등학교 전신)
1925.05.28	이리유치원 허가 [동아]
1925.06.06	계문학교 서광, 김씨 형제의 성의로 [동아]
1925.08.10	형평야학 개최 익산 해분사에서 [동아]
1925.08.25	삼기면 삼광보통학교와 왕궁면 사립보통학교 인가 [동아]
1925.10.02	전주고보(高普) 대(對) 이리농교의 3종경기, 축구, 정구, 야구 [동아]
1926.01.11	이리고여교 준공기 [매일]
1926.01.11	이리 광희여숙 신축기성회 조직, 즉석에서 의연금 답지 [동아]
1926.09.08	낭산면 보교(普校)기성 제2차 계획 [동아]
1926.12.03	망성공보(公普) 설립의 서광 만원예산 적립 [중외]
1927.01.20	망성면의 노성학교설립 준비 착착 진보 [중외]
1927.03.04	공보(公普)교 이전 준비, 웅포면민들이 [동아]
1927.03.30	백명모집에 응모 칠백,이리농림교에서 [동아]
1927.05.20	황등보교(普校)신축개교 공립인가는 6월1일 [중외]
1927.06.04	낭산보교(普校)개교, 황등은 11일에 [동아]

1927.06.04	여보교(普校)를 분립, 이리공보(公普)에서 [동아]
1927.07.01	함라공보(公普)교 15주기념 [동아]
1927.07.25	80명 돌연 퇴학처분 익산군하의 보통학교 불상사 이유는 월사금 미납 [매일]
1929.05.14	함열공보(公普)개교 [매일]
1930.01.29	황화면보교(普校) 기성회조직 신학기에 개교 [매일]
1930.04.14	전북도내 각지 고보생 검거 전주경찰부에서 취조중 학생결사가 발각 [매일]
1930.04.21	왕궁공보에도 입학난! [중외]
1930.11.15	익산황화보교(普校) 낙성식 거행 [매일]
1930.11.21	이리농교생 50명 맹휴 불평을 열거하야 진정하고 교장 후대책 강구 [매일]
1930.11.21	퇴학과 맹휴로 이삼년생 맹휴, 학생들은 자꾸 이산한다고, 이리농교사건 [동아]
1930.11.22	피검자 동정맹휴가 확대, 조선인학생 이삼사학년 이리농림생 동요속보 [동아]
1930.12.17	학생1명 김찬준 압송, 이리공립농림교 맹휴생 [동아]
1930.12.18	이리경찰 농림교생 취조「팜프레트」발행 혐으로, 퇴학귀향생까지 구금 [동아]
1931.03.26	이리농림교에 수의축산과 금년 신학긔부터 실시, 보결생도 새로 모집 [동아]
1932.08.20	이리공보교(普校) 대강당건축 [동아]
1932.12.24	실과교육 선진교 함라보교(普校)상황 일면에 모범장화 지도가 철저주밀 [매일]
1936.08.12	이리갑종공업교 기성회조직 인근 각 읍 총망라 10만원 한도 모금방침 [동아]
1938.06.07	이리소학교에 수영장을 설치 [매일]
1938.06.10	익산군 초등교육 5개년 확충계획 178급 증가예정 [동아]
1938.12.25	이리중학 설립 문제 1월2일로 총회압둔 전익친목회 태도 주목 [매일]
1938.10.	이리방송국 설립
1939.06.16	황등제일소학교 신축낙성식 [동아]
1940.02.21	대망의 이리공업교 기계, 전기, 광산과 설치 내4월에 개교준비 [동아]
1941.05.14	이리공업 우승 전북중등 역전 계주 [매일]
1942.04.11	이리고녀교 교사증축 [매일]
1945.12.13	학원의 쾌보; 남성중학 설립 이윤성 여사 미거 [동아]
1946.05.	유일학림 개교
1946.08.13	농림대학 기성회 조직 [동아]
1946.10.15	이리, 부(府)로 승격 [자유]
1947.02.01	의무교육에 대비 교실증축 실현, 망성국민학교 [동아]
1947.06.04	웅포국민교도 증축 [동아]
1947.08.26	이리농대 9월에 개교 [동아]
1947.11.06	이리농대 인가 [독립]
1948.03.09	이리농과대학 개강 [군산]
1953.05.16	정읍 이리 간 통학차 부활 운행을 진정 [동아]
1954.10.10	백남규씨 취임 남성중고교장에 [동아]
1956.06.09	이리동중교 낙성식 [동아]
1960.12.18.	20일에 폐교령 중앙대학 이리분교 [동아]
1961.12.12	전북대학 이리농대 본관건물 전소 [동아]
1963.03.03	전북대학교 이리농과대학 전주로 이전 [조선]
1972.07.24	여고부 프러레의 춘천여고와 이리여고가... [동아]
1974.12.06	함열국교에 불 본관 14교실 전소 [경향]
1975.05.26	본사주최 이리원광종고 패권 53회 전국여자연식정구 폐막 [동아]
1979.04.21	중고축구 이리고 첫 우승 [동아]
1980.04.24	춘계 중-고축구 영공-이리 공동우승, 중등부 진주도 첫 영광 [조선]
1982.01.08	원광의대 부속병원 50억 들여 연내 신축 [동아]
1983.01.25	탁구 양영자 (이일여고) [중앙]

간추린 80·90년대의 교육역사

1980년	교육개혁 조치로 대학 본고사 폐지
1981년	대입 예비고사를 학력고사로 전환
1983년	중·고교 교복 및 두발 자율화
1984년	중·고교 보충수업 부활
	고교 입학고사에 영어듣기평가 실시
	대학입시 논술고사 첫 실시
1988년	대학입시 선지원 후시험 제도로 개편
1990년	고교평준화제도 개선 방안 확정 발표
1991년	문교부를 '교육부'로 명칭 변경
1993년	대학수학능력시험 첫 실시
1994년	국민교육헌장 모든 과목에서 삭제
1995년	교과서 편찬 검정제로 전환
	점심 급식제 실시
1996년	국민학교를 초등학교로 명칭 변경
1997년	교실수업 개선을 위한 열린교육 확산

교련복을 입고 소풍 나온 이리고등학교 학생들

기획의 변

작은 마을 솜리가 호남을 대표하는 인구 30만의 도시로 성장할 수 있었던 것은 바로 교육의 힘이다. 익산 시내 뿐만 아니다. 현 익산시 읍·면의 많은 학교들이 일제시대 때 개교를 할 수 있었던 것은 교육에 대한 이리시·익산군 주민들의 열정에서 기인한다. 그 열정은 오늘날에도 계속되고 있다.

주지할 점은 익산의 교육발전이 익산시 발전과 항상 궤를 함께 한 것은 아니다. 이리농림의 경우 익산시의 자랑이기도 하지만 그 설립 배경도 꼼꼼하게 살펴볼 필요가 있다. 또한 몇몇 학교의 경우 친일파가 설립을 주도했다는 점을 잊어서는 안 된다. 우리는 이 도록을 제작하며 지금은 폐교 위기에 처해 있는 시 외곽 학교의 설립배경에 더 주목했다. 예컨대 오산초등학교의 경우 개교 당시 마을 주민들의 갹출이 있었기에 개교가 가능했는데, 이러한 주민들의 헌신적 노력을 이 책에 담고자 했다.

오래된 역사와 문화를 간직한 학교가 많이 폐교 되었다. 학교의 폐교는 단순히 학교가 없어지는 것만을 의미하지 않는다. 마을의 역사와 전통이 통째로 사라짐을 의미한다. 농촌인구의 감소로 폐교 된 춘포중학교(1994년 폐교), 웅북초등학교(2004년 폐교), 여산남초등학교(2009년 폐교), 여산서초등학교(2009년 폐교), 성남초등학교(2011년 폐교), 금성초등학교(2018년 폐교)를 생각한다면 이 노력이 헛되지 않았길 바란다.

이번 사진전과 도록 제작을 준비하며 익산시의 모든 학교의 자료를 수집하고자 노력했다. 일부 학교는 기꺼이 자료를 제공하고, 홈페이지 등에 학교의 소식을 전하고자 노력한 반면 어떤 학교는 이번 사진전과 도록에 대해 별 다른 관심이 없었다. 자료를 구하고자 연락 했을 때 자료를 보존하지 않았음을 부끄러워 한 학교가 있는 반면 그 반대의 경우가 더 많았다. 명문학교의 기준을 다시 생각하는 계기가 되었다.

익산민예총은 지난 2년 동안 2회에 걸쳐서 물길(2017 제1회 익산근대사진전), 철길(2018 제2회 익산근대사진전)로 익산을 바라봤다. 그리고 올 해 드디어 교육으로 익산을 바라보고 있다. 이러한 익산민예총의 노력이 물거품이 되지 않도록 자료의 보존과 배포에 최선을 다하도록 하겠다. 그리고 앞으로도 다양한 주제로 익산시의 기록을 정리하고 보존하는데 부족함이 없도록 노력할 것이다. 이번 사진전과 도록에 많은 자료를 기꺼이 내주신 시민들께 감사드린다.

장윤준 문학박사, 원광대학교 대안문화연구소

일러두기

이 책은 공익적 기록물입니다. 이 책의 편찬은 익산시 발전을 위해 자료를 수집한 익산민예총, 전라북도익산교육지원청, 익산시청과 익산문화관광재단, 군산 동국사 그리고 자발적으로 보내주신 시민들의 자료를 활용했습니다. 정사(正史)로 알려진 『익산시사』(익산시 발간)는 물론이거니와 시민들의 삶을 기록한 『익산구술사편찬』(원광대 대안문화연구소 발간)도 참고했습니다.

편찬위원회와 집필진은 이 책을 익산시민과 함께 만들고자 했습니다. 익산교육에 관한 사진과 글을 찾기 위해 인터넷도 활용했습니다. 그리고 모든 자료는 확인과 검증을 진행했습니다. 〈2019 익산교육사진전 익산교육기록물공모〉도 이러한 노력의 일환이었습니다.

많은 학교와 기관이 자료를 보내주셨습니다. 이 책에 각 학교의 연혁과 교가 등을 싣기 위해 익산시의 모든 학교의 홈페이지를 확인했습니다. 연혁과 교가나 학생활동을 전혀 공개하지 않은 학교도 있어서 어려움이 있었습니다. 학교의 전경이 가장 잘 표현된 사진은 집필진이 확보한 사진과 비교하여 이 책에 싣기도 했습니다. 공익적 목적에 부합하는 저작권 보호에 대해 최선을 다했습니다만 혹여 질문을 주신다면 성실히 답변해드리겠습니다.

각 학교의 선생님들과 학부모 그리고 학생들에게 감사 말씀드립니다. 집필진은 익산시민을 대신했을 뿐 이 책의 모든 기록은 익산시민들의 노력입니다.

2019. 12. 『익산 교육 100년』 편찬위원회

1975. 이리 시공관 앞 반공 홍보판 앞을 지나는 여중생들